Él gana Ella gana

El arte de alcanzar el acuerdo matrimonial

Willard F. Harley, Jr.

Él gana Ella gana

El arte de alcanzar el acuerdo matrimonial

Willard F. Harley, Jr.

Editorial Patmos

Él gana, ella gana

Publicado por Editorial Patmos,
Miami, FL. 33169

Publicado originalmente en inglés por Revell una división de Baker Publishing Group,
P.O. Box 6287, Grand Rapids, MI 49516-6287, con el título *He Wins, She Wins*

Traducido por Patricia Weist
Diseñada de portada por Luiz Felipe Kessler
ISBN 13: 978-158802-712-2

Categoría: Vida Cristiana/Matrimonios

Impreso en Brasil
Printed in Brazil

Contenido

Introducción

Los conflictos entre cónyuges son inevitables. Mi esposa Joyce y yo enfrentamos un conflicto cada hora que pasamos juntos. Muchas veces, la perspectiva de cada uno en cuanto a cómo resolver los problemas es completamente diferente. Sin embargo, a pesar de estas diferencias, hemos llegado a ser expertos en resolver conflictos casi inmediatamente. Y las habilidades que hemos desarrollado en cuanto a tratar con las desavenencias rápida y eficazmente han contribuido a hacer de nuestro matrimonio el que siempre soñamos tener.

Pero, ¿qué pasaría si no supiéramos resolver nuestros conflictos? ¿Qué pasaría si en vez de encontrar soluciones, discutiéramos y nos resistiéramos a llegar a un acuerdo? Si fuera así, los conflictos se acumularían con el paso de los años. Y ahora, después de cincuenta años de matrimonio estaríamos ahogándonos en conflictos no resueltos. No soportaríamos vivir juntos.

En mi juventud, lo normal era que las parejas se casaran, tuvieran hijos y criaran a estos hijos juntos. En cambio, hoy día, la mayoría de los adultos están solteros, más de 40 por ciento de los hijos son criados por un padre o una madre que nunca han estado casados, y el porcentaje de adultos que escogen casarse es cada vez más bajo. Además, es muy posible que los que sí se casan, lleguen a divorciarse en algún momento.

En este libro, enfocaré una de las razones por este cambio fundamental en nuestra cultura: la falta de negociar eficazmente. Al enfrentar conflictos, la mayoría de las parejas no saben cómo resolverlas de modo que ambos queden satisfechos.

Por supuesto que esto no es nada nuevo. Los terapistas matrimoniales han sabido de este problema desde que la tasa de divorcio empezó a subir vertiginosamente en los años 60, y muchos libros se han escrito para ayudar a las parejas a comunicarse, entenderse, escucharse y respetarse más eficazmente. Entonces, ¿qué puedo aportar yo que ya no se haya dicho?

Lo diferente de mi estrategia para resolver conflictos matrimoniales es su meta final: el que la pareja esté enamorada. La mayoría de los terapistas consideran que la resolución de los conflictos matrimoniales es un fin en sí; sin embargo, yo la considero como un medio para conseguir un fin. Si cierta resolución aumenta sus sentimientos amorosos hacia su cónyuge, la apruebo; considero que la resolución se ha manejado correctamente. Sin embargo, si no aumenta ese amor, considero que se ha cometido un error.

A través de mi carrera como consejero, he visto a muchas parejas a quienes no les cuesta comunicarse respetuosamente, pero que aun así desean divorciarse, ya que han perdido su amor un por el otro. Pero nunca me he encontrado con una pareja que esté enamorada y aun así desee divorciarse.

Al leer este libro y aplicar sus lecciones a la manera en que maneja los conflictos, usted aprenderá a comunicarse eficazmente y resolver sus conflictos: se lo garantizo. Pero también aprenderá otra cosa que es mucho más importante. Aprenderá a hacerlo de una manera que sustenta el amor mutuo.

Primera parte
El arte de la negociación matrimonial

En la primera sección de este libro me enfocaré en enseñarle a tener las habilidades que necesitará para llegar a ser un negociador ingenioso. No será fácil al principio, pero con el tiempo y la práctica encontrará que la negociación ingeniosa llegará a ser un estilo de vida para usted y su cónyuge.

1
Identifique el problema

Había sido una noche difícil. La pequeña Emily, la última en incorporarse a la familia Kramer, no tenía ganas de dormir. Tenía ganas de gritar. Su padre, Tony, tenía que recibir a unos compradores venidos de la China al día siguiente, y tenía que tener su mejor rendimiento. Por esta razón, cada vez que Emily empezaba a llorar, Tony se daba vuelta en la cama y se cubría la cabeza para bloquear el ruido, suponiendo que su esposa, Jodi, se levantaría para calmar a su hija angustiada.

Sin embargo, Jodi se estaba cansando rápidamente de ser la que se levantaba para atender a la bebé. Le parecía que Tony y ella deberían turnarse para calmar a Emily. Después de todo, Emily también era hija de él. Y Jodi también necesitaba dormir ya que también tenía por delante un día ajetreado.

Por esta razón, la tercera vez que Emily empezó a llorar a gritos, Jodi decidió que le tocaba a Tony calmarla, y le dio un codazo para despertarlo. Cuando eso no funcionó, lo empujó con los pies hasta que terminó cayéndose de la cama. Cuando Tony se despertó y se dio cuenta de lo que había pasado, se puso furioso.

—¿Qué te pasa? —gritó.

—Lo siento —le explicó Jodi—. Pero no pude despertarte, ¡y te toca a ti calmar a Emily!

Jodi y Tony entendían su conflicto en torno al cuidado nocturno de su hija. Y cada uno tenía soluciones al problema que le parecían justos. Jodi opinaba que debían dividirse la responsabilidad: Tony cuidaría de la bebé una vez, y Jodí lo haría la próxima vez. Jodí proponía que cuidaran a Emily en días alternos, o semanas alternas, con tal que se dividieran la responsabilidad equitativamente.

Sin embargo, Tony opinaba que ya que él tenía que estar bien lúcido en el trabajo, no podía despertarse de noche. Ya que el trabajo de Jodi no requería del mismo grado de lucidez que el de él, le parecía que ella debería ser la única cuyo sueño era interrumpido.

Esta no era la primera vez que Jodi y Tony habían tenido conflictos en torno al cuidado nocturno de un bebé. De hecho, había surgido el mismo problema poco después que naciera su primer hijo, Robbie. Pero nunca habían resuelto ese desacuerdo, y estaban discutiendo acerca de lo mismo con su nueva bebé.

Como dije en la introducción, los conflictos entre cónyuges son inevitables. Joyce y yo enfrentamos numerosos conflictos en nuestro matrimonio diariamente. Hemos aprendido a resolver estos conflictos de la manera correcta, y como resultado, nuestro matrimonio se ha fortalecido.

Pero, ¿qué si como Jodi y Tony, nos encontráramos atascados en un patrón de conducta conflictiva y fuéramos incapaces de resolver nuestras diferencias? Muy pronto no soportaríamos estar juntos.

Un cambio de enfoque: mayor igualdad

Históricamente, el esposo ha tenido el poder de decisión en cuanto a resolver conflictos matrimoniales. Él simplemente tomaba la decisión y su esposa se sometía obedientemente. En el pasado, la mayoría de las culturas y religiones alentaban este comportamiento. El esposo debía liderar y la esposa debía seguirlo. El matrimonio se consideraba como un microcosmo del orden religioso y político, donde la autoridad provenía desde arriba (Dios) y bajaba desde ahí. Los hombres de mayor rango tenían autoridad sobre los de menor rango, y dentro de la familia, el esposo tenía autoridad sobre su esposa, sus hijos, sus siervos y sirvientes. Los hombres dominaban el mundo.

Pero en los Estados Unidos, la Revolución estadounidense empezó a invertir esta tradición. La Declaración de Independencia decía que todos tenían el mismo derecho a "la vida, la libertad y la búsqueda de la felicidad". Por supuesto que en la práctica, no todos recibieron estos derechos del día a la mañana. Tomó casi cien años, pero finalmente, los esclavos fueron liberados y se les dio la ciudadanía, y los hombres afroamericanos recibieron el derecho al voto. Luego, después de más de cincuenta años, las mujeres fueron incluidas cuando se les dio el derecho de votar y ocupar cargos públicos.

Hoy día en los Estados Unidos y en la mayoría de las demás culturas democráticas, se da por sentado que las mujeres deben tener los mismos derechos básicos que los hombres. Ya no se da por sentado que el esposo tiene el derecho de dominar y controlar a su esposa. Desafortunadamente, tampoco se da por sentado que los matrimonios durarán toda una vida. Antes de los años 60, la tasa de divorcio no era más del 10 por ciento. Sin embargo, ya para 1980, había subido vertiginosamente a más del 50 por ciento. Hoy día, ha bajado un poco y se mantiene a más o menos un 45 por ciento, pero el porcentaje de parejas que se casan cada año ha estado bajando cada vez más.

¿Cuál es el problema, entonces? ¿No deberían los matrimonios ser más felices hoy, ahora que ambos cónyuges trabajan y una parte ya no es controlada por la otra? Así parecería, a primera vista. Pero lo que ocurre es que los hombres y las mujeres no siempre enfocan la vida de la misma manera. El hecho de que la cultura haya cambiado y haya más igualdad no los ha equipado automáticamente con las habilidades que necesitan para enfrentar problemas y tomar decisiones conjuntamente.

El tomar decisiones en nuestro matrimonio sería menos complicado para Joyce y yo si hubiéramos vivido hace cien años. Cada vez que hubiéramos tenido un conflicto, se hubiera esperado que ella se sometiera a mi manera de hacer las cosas. Como un esposo amoroso, yo tal vez hubiera escuchado su punto de vista. Pero al final, yo hubiera tomado la decisión final, la cual ella hubiera tenido que aceptar.

Cuando Joyce y yo nos casamos, todavía era común oír a las esposas prometiendo “amar, honrar y obedecer” a su esposo, “hasta que la muerte nos separe”. Joyce recitó obedientemente este voto. Por supuesto que, como la mayoría de los hombres en esa época, yo no hice el mismo compromiso. Simplemente prometí “amar y respetarla”.

Pero a pesar del texto de nuestros votos, ambos comprendíamos que seríamos iguales y que nos beneficiaríamos de la sabiduría del otro. Joyce no me *obedecería* simplemente y yo no esperaría que lo hiciera. Más bien, nos amaríamos y nos respetaríamos mutuamente, lo cual significaría tomar decisiones conjuntamente, de modo a estar satisfechos los dos.

No nos dábamos cuenta en ese momento, pero nuestra decisión de hacer que nuestro matrimonio fuera un esfuerzo conjunto sin que cualquiera de los dos ejerciera control sobre el otro era algo muy diferente a la manera en que la mayoría de matrimonios habían funcionado por miles de años. Y no fue fácil tomar decisiones conjuntamente. Fue mucho más difícil que si Joyce me hubiera simplemente obedecido.

Mi experiencia como consejero matrimonial me ha enseñado que en los matrimonios de hoy, la negociación es una herramienta esencial, pero algo que es muy difícil aprender. Eso no quiere decir que los cónyuges no sepan negociar. De hecho, muchos de los cónyuges que he aconsejado son negociadores expertos fuera de su matrimonio. Pero cuando se trata de negociar con su cónyuge, parecen hacer caso omiso de todo lo que saben acerca del arte de llegar a un acuerdo.

Es probable que esta discrepancia entre nuestro conocimiento de la negociación y la manera en que negociamos dentro de nuestro matrimonio tenga algo que ver con las actitudes y los instintos que se han formado a lo largo de la historia de la humanidad al dominar el esposo a la esposa. Aunque vivimos en una cultura que le otorga a la mujer los mismos derechos que al hombre, muchos esposos todavía tienden a enfocar el conflicto como si todavía se esperara que su esposa lo "obedeciera". Y muchas esposas, al darse cuenta del poder que conlleva la igualdad, lo usan para tratar de controlar a su esposo.

Cuando un conflicto no se resuelve fácilmente, demasiado a menudo tanto el esposo como la esposa tratan de obligar al cónyuge a hacer lo que él o ella quiere. Y cuando eso no funciona, tratan de hacer las cosas solos, tomando decisiones unilaterales. El problema es que a ninguno de los dos les gusta que se les diga lo que deben hacer. Y ninguno de los dos quiere que su cónyuge tome decisiones sin tomar en cuenta los sentimientos e intereses del otro. Ninguno de estos "atajos" a la resolución de conflictos funciona. Y así como vimos con los problemas de Tony y Jodi en cuanto al cuidado de su hija, los conflictos no resueltos se acumulan y al final llegan a agobiar a los cónyuges, dejándolos desesperanzados.

No hay duda que la vida se complica más cuando los cónyuges toman decisiones conjuntas en vez de simplemente ordenarle al cónyuge que haga esto o aquello, o tomar decisiones unilaterales. Pero si en realidad el esposo y la esposa son iguales y quieren resolver sus conflictos una vez por todas, el acuerdo mutuo es su única alternativa.

Una meta en común

En cualquier negociación, el primer paso es estar de acuerdo en cuanto a una meta. Yo insto a las parejas a que fijen la meta de encontrar una solución que hace feliz a ambos, es decir, encontrar un resultado donde ambos ganan. Pero como mencioné anteriormente, no es fácil lograr esto. Aunque muchos cónyuges estarían de acuerdo conmigo que en el matrimonio, un resultado donde ambos ganan es el resultado más deseable, muchos insistirían que tales resultados son casi imposibles de lograr. Entonces, dirían, si una pareja va a avanzar en la vida y tomar las decisiones necesarias, es inevitable hacer concesiones. Al decir "hacer concesiones" generalmente quieren decir que los resultados siempre terminarán siendo algo menos que un resultado donde ambos ganan.

Charlie Weaver, el jefe de gabinete del antiguo gobernador de Minnesota, Tim Pawlenty, ha sido un negociador político muy respetado. Durante todo el tiempo que su jefe fue gobernador, hizo un excelente trabajo al usar sus habilidades de negociación para mantener a raya a los enemigos políticos contenciosos. Él atribuye su éxito a tener la meta siguiente: "Después de llegar a un acuerdo, cada parte debe estar un poco contenta y un poco enojada."

Tal vez esta meta le funcione bien al Sr. Weaver en el mundo de la política, pero no funciona muy bien en el matrimonio. Al tratar de resolver sus conflictos según esta estrategia, los cónyuges tienden a olvidar rápidamente el poquito de contentamiento que lograron y recordar para siempre el enojo que sintieron. El resentimiento a largo plazo es un problema que experimenta casi toda pareja casada cuando los conflictos no se resuelven de la manera correcta, con ambos cónyuges contentos con el resultado.

En el mundo de la política, no podemos esperar que todos estén contentos con una decisión. Simplemente hay demasiados intereses en conflicto que hay que tomar en cuenta. Además, las dos partes nunca han prometido cuidarse una a la otra. Su meta es derrotar a la otra parte. Pero en el matrimonio, sólo hay que tomar en cuenta los intereses de dos personas al tomar una decisión. Y esas dos personas no deberían estar compitiendo entre ellas. Más bien, han hecho un compromiso único de cuidarse una a la otra. Por eso, tendría sentido que se esforzaran por encontrar resultados donde ambos cónyuges salen ganando cada vez que tienen un conflicto. Ha sido mi experiencia en mi propio matrimonio y al ayudar a miles de parejas en su matrimonio que esto es algo que casi toda pareja puede lograr.

He escrito este libro para ayudar a ambos cónyuges a recibir lo que necesitan uno del otro al llegar a ser negociadores matrimoniales habilidosos. Cuando hayan terminado de leer el libro y hayan aplicado sus enseñanzas a los conflictos que enfrentan, se asombrarán al ver que han podido eliminar conflictos con los cuales han luchado por años. Y al resolver todos sus conflictos de la manera correcta, con soluciones donde ambos ganan, también encontrarán que han logrado algo más: estarán enamorados.

2
Los hombres y las mujeres se necesitan mutuamente

Durante la época en que yo era profesor universitario, enseñaba neuropsicología. Mis estudiantes aprendían cómo las diferentes partes del cerebro controlan la conducta humana. Al principio del curso, yo mostraba un cerebro de un hombre maduro y uno de una mujer madura y les preguntaba a los estudiantes si veían alguna diferencia entre ambos. Los estudiantes siempre estaban de acuerdo en que los cerebros no se parecían en nada. El cerebro masculino era más grande y más grumoso que el cerebro femenino.

Luego, al diseccionar ambos cerebros, le mostraba a la clase que no sólo eran diferentes exteriormente, sino también interiormente. El cuerpo calloso, una banda de fibras que conecta los dos hemisferios es mucho más grande en el cerebro femenino, aunque el cerebro en sí es más pequeño. El hecho de que los dos hemisferios estén más interconectados tal vez sea la razón por la cual las mujeres tienden a tomar en cuenta más información al tomar decisiones que los hombres.

El lóbulo parietal inferior es proporcionalmente más grande en el cerebro masculino, sobre todo en el hemisferio izquierdo. Esta área tiene que ver con la habilidad matemática, y se encontró que en el cerebro de Albert Einstein, esta área del cerebro era más grande de lo normal. ¿Será por eso que más hombres que mujeres tienden a destacarse en las matemáticas?

Dos estructuras asociadas con el lenguaje, la circunvolución temporal superior y la circunvolución frontal inferior, son proporcionalmente más grandes en el cerebro femenino. ¿Hay alguna duda que las mujeres tienden a comunicarse más eficazmente que los hombres?

La región parietal del cerebro es más gruesa en el cerebro femenino. Se ha planteado que este grosor inhibe la habilidad de la mujer para rotar los objetos mentalmente, y que por lo tanto, los hombres entienden mejor las relaciones espaciales.

Más allá de todas estas diferencias que pueden identificarse visualmente, hay aun más diferencias bioquímicas. Por ejemplo, consideremos las maneras contrastantes en que el estrógeno en un cerebro femenino y la testosterona en un cerebro masculino afectan la hormona oxitocina, la cual tiene un efecto calmante y se libera durante momentos de estrés. El estrógeno realza el efecto de la oxitocina, mientras que la testosterona reduce su efecto. Se ha planteado que esta diferencia hace que las mujeres se cuiden y cuiden a sus hijos en momentos de estrés, mientras que los hombres tienden a experimentar una reacción de lucha o huida.

La manera en que todas estas diferencias en el cerebro masculino y femenino afectan la conducta sigue siendo un tema polémico. Pero está claro que existen diferencias importantes. Las diferencias físicas generales que se observan en todo cuerpo masculino y femenino se encuentran en el cerebro, y en la manera de pensar.

Mis años de experiencia como consejero me han llevado a pensar que estas diferencias ayudan a los hombres y a las mujeres a tomar las más sabias decisiones cuando respetan estas diferencias. Cuando no las respetan, surge el conflicto y la confusión.

Los hombres y las mujeres necesitan la perspectiva uno del otro

Las diferencias en la estructura y la química interna del cerebro masculino y femenino afectan la manera en que piensan los hombres y las mujeres. Por lo tanto, no nos debería sorprender que hombres y mujeres lleguen a conclusiones diferentes en una gran variedad de situaciones.

Desde tiempos inmemoriales, ya que los hombres son más fuertes que las mujeres y por lo tanto han podido dominarlas, la sociedad (los hombres) ha considerado que la perspectiva masculina es la correcta y la perspectiva de la mujer es inferior. Hasta muy recientemente, aun las mujeres aceptaban esta interpretación de su perspectiva.

Hagamos reflexión. ¿Por qué no les era permitido a las mujeres votar u ocupar cargos públicos aquí en los Estados Unidos hasta 1920? Era porque a los hombres que estaban a cargo no les parecía que las mujeres tuvieran suficiente sabiduría como para hacerlo. Para esto, se basaban en el hecho de que las mujeres muchas veces no estaban de acuerdo con las conclusiones de ellos. Y para esa época, a la mayoría de las mujeres no parecía molestarles esta forma de ver la vida.

Pero ya no es así. Ahora sabemos con certeza que en promedio, las mujeres son tan inteligentes como los hombres. Hombres y mujeres simplemente tienen una perspectiva algo diferente. En el matrimonio, estas perspectivas diferentes muchas veces acarrean conflictos. Y si una pareja no sabe cómo llegar a un acuerdo sin atropellarse uno al otro, los conflictos generan pleitos y no resoluciones. El resultado ha sido que en la mayoría de los matrimonios, los cónyuges se alejan emocionalmente, pierden su amor romántico uno por el otro, y al final, o bien viven de manera independiente o se divorcian.

Pero no tiene que ser así. Esposos y esposas pueden resolver sus conflictos de la manera correcta, llegando a un acuerdo entusiasta. Y las soluciones que encuentran al hacerlo son mucho más sabias que las soluciones planteadas originalmente por uno y otro cónyuge. Sus diferentes perspectivas se complementan, creando así un entendimiento más completo de los problemas que todos enfrentamos en la vida. En otras palabras, su acuerdo conjunto es la mejor resolución a sus conflictos.

Pero hay que dar una advertencia importante: para lograr esto, ambos deben tener en alta estima la perspectiva del otro. Ambos deben admitir que no tienen todas las respuestas y que su perspectiva individual pudiera ser un tanto imperfecta. Deben valorar el punto de vista del otro y considerarla una parte esencial de su vida en conjunto. Deben entender que en el matrimonio, la única manera de resolver conflictos sensatamente es el acuerdo mutuo entusiasta.

Los hombres y las mujeres están diseñados para ser compañeros idóneos justamente porque piensan de una manera diferente. Ambos necesitan el cerebro del otro. El error más grande que puede cometer una pareja es mirar sus perspectivas diferentes con desprecio y desdén. El bromear acerca del hecho que hombres y mujeres tienen una manera diferente de ver la vida es hacer caso omiso de su recurso más valioso: sus diferencias. Y es de igual importancia que los cónyuges eviten la tentación de hacer caso omiso de su propia perspectiva para satisfacer a su cónyuge.

Por qué el ceder no es la mejor manera de cuidar uno del otro

La mayoría de los hombres y las mujeres saben que se necesitan de muchísimas maneras: físicamente, emocionalmente e intelectualmente. Esa dependencia ayuda a crear una disposición instintiva para cuidar y protegerse uno al otro que va mucho más allá de la manera en que ambos manejan las relaciones con personas del mismo sexo.

Después de hablar a un grupo de madres jóvenes recientemente, me hicieron la siguiente pregunta: *Mi esposo muchas veces cede y deja que yo haga lo que deseo, pero sé que en realidad no está conforme. Me gusta salirme con la mía, pero a veces me siento mal después. ¿Cómo hago para que él sea más sincero conmigo acerca de sus verdaderos deseos y sentimientos?*

Posiblemente el esposo de esta mujer aceptó hacer lo que la hacía feliz a ella, porque la amaba y quería que fuera feliz. Ella probablemente hacía lo mismo por él de vez en cuando. Ambos tenían un instinto de cuidar del otro a toda costa, aun a costa de su propia felicidad.

Pero ella se había dado cuenta de un problema que surgía a raíz de este amor mutuo. Le gustaba hacer las cosas a su manera, pero en su corazón, sabía que esta no era la manera correcta de resolver los conflictos.

Fíjese en lo que ella dijo: ella quería que él "fuera más sincero con ella acerca de sus verdaderos deseos y sentimientos". En otras palabras, cuando discutían, nunca llegaban a hablar de sus diferentes perspectivas. Más bien, ella expresaba lo que quería, y él simplemente se negaba a hacerlo, o bien cedía ante sus deseos. Lo que ella deseaba en realidad era que llegaran a un acuerdo mutuo, habiendo expresado sus diferentes puntos de vista.

Cuando hay que tomar una decisión en mi matrimonio, muchas veces mi instinto me dice: "*Si realmente amo a Joyce, le daré todo lo que quiere. Y mientras más dispuesto estoy a sacrificar mis propios deseos, más la amo.*" Sin embargo, sé que las decisiones más sabias son aquellas que toman en cuenta la perspectiva de ambos. Ambas perspectivas tienen el mismo valor. Por lo tanto, si dejo de darle mi perspectiva a Joyce, estoy limitando nuestra sabiduría mutua.

Al simplemente darle a su esposa lo que ella deseaba sin expresar la opinión de él, el esposo de esta joven madre la estaba privando de información valiosa, y esto la incomodaba. Era más importante para ella comprender a su esposo que salirse con la suya.

En el matrimonio, un hombre y una mujer deben llegar a ser una entidad nueva. Deben funcionar no como dos individuos, sino como un equipo. Deben aprender a planificar juntos y llevar a cabo ese plan juntos. El tener un compañero colaborador y amoroso nos da una gran ventaja sobre cualquier cosa que hubiéramos podido ser o lograr como individuos. Y somos mucho más sabios que jamás hubiéramos podido ser solos. Pero esto requiere de destreza para trabajar en equipo, destreza como negociadores.

3
Porqué las cosas no andan bien cuando un cónyuge gana y el otro pierde

Antes de mostrarle cómo encontrar las mejores soluciones a los problemas que enfrenta en el matrimonio (soluciones que son beneficiosas para ambos), les expondré algunas de las soluciones más comunes donde un cónyuge gana y el otro pierde. Estos resultados donde uno gana y uno pierde son comunes, no sólo porque son mucho más fáciles de encontrar que soluciones donde ambos ganan, sino porque también son algo instintivos. Pareciera que somos atraídos naturalmente a este tipo de soluciones.

Cuando eran novios y durante los primeros meses de su matrimonio, Tony y Jodi, la pareja que conocimos en el primer capítulo, no hubieran podido imaginarse discutiendo acerca de quién cuidaría de su hija de noche. Durante esos años, habían expresado una disposición entusiasta para ayudarse mutuamente cada vez que surgiera un problema, aun si al hacerlo, tuvieran que sacrificar sus propios intereses personales. Si hubieran asistido a la consejería prematrimonial y el consejero les hubiera preguntado cómo manejarían un conflicto de este tipo, ambos hubieran ofrecido cuidar del niño para que el otro pudiera descansar. Ambos se habrían ofrecido para hacer este trabajo, y el conflicto más bien hubiera girado en torno a cuál de los dos lograría sacrificarse para el otro.

La estrategia del sacrificio

El sacrificar sus propios intereses por los intereses de alguien que uno ama es una solución de larga tradición a muchos de los problemas en la vida. Muchos la ven como la expresión máxima del amor. Algunos consideran que mientras más se sacrifican los cónyuges uno por el otro, más ideal es su matrimonio.

Este ideal se describe en la historia corta *The Gift of the Magi* [El regalo de los reyes magos] escrito por O. Henry. Una pareja muy pobre quieren regalarse mutuamente algo significativo para la Navidad, pero no tienen el dinero para hacerlo. La esposa quiere regalarle a su esposo una cadena decorativa que pueda usar con su posesión más preciada, su reloj. El esposo quiere regalarle a su esposa un peine para peinar su hermosa cabellera, la corona de su belleza. El esposo vende su reloj para comprar el peine, y la esposa vende su pelo para comprar la cadena de reloj. Es una historia muy sentimental acerca del amor sacrificado, que es apropiado para la época de Navidad durante la cual nació Cristo para ser el máximo sacrificio por nuestros pecados.

Pero el sacrificio en el matrimonio presenta muchos inconvenientes. En primer lugar, el sacrificio generalmente se hace en secreto. En vez de trabajar juntos para encontrar una solución al problema que están enfrentando, los cónyuges trabajan separadamente, no revelando sus planes al otro. En el último capítulo, describí un dilema que enfrentaba una joven madre. Su esposo "cedía" y dejaba que ella hiciera lo que quería. A ella le gustaba que las cosas se hicieran a su manera, pero sentía que al ceder, su esposo estaba desconectándose de ella emocionalmente. Ella quería que él fuera abierto con ella para ella poder saber lo que él verdaderamente estaba sintiendo. Pero cuando una persona se sacrifica por el bien de alguien que ama, generalmente no le revela a la persona amada sus más profundos sentimientos. Él no puede darle a ella lo que ella desea, y al mismo tiempo revelar sus verdaderos sentimientos. El sacrificio generalmente impide la apertura en el matrimonio.

En segundo lugar, el sacrificio no conduce a soluciones a los problemas matrimoniales a largo plazo. Cuando mucho, es algo que sólo se puede dar de vez en cuando porque el cónyuge que se sacrifica generalmente no está dispuesto a sacrificarse continuamente. Sin embargo, el sacrificarse sienta un precedente que crea expectativas insostenibles. Cuando la ganancia de un cónyuge significa la pérdida voluntaria del otro cónyuge, lo que fue voluntario un día muy fácilmente se convierte en algo que se espera y se exige al día siguiente. Por ejemplo, si en una ocasión especial la esposa decide sacrificar su propio placer para tener relaciones sexuales de la manera en que le gusta a su esposo, tarde o temprano, él estará detrás de ella para que lo vuelvan a hacer de esa manera hasta que ella ceda. A la larga, hasta pensar en el sexo le resultará desagradable porque no se lleva a cabo de una manera que a ella le guste.

Una tercera razón por la que el sacrificio no funciona bien en el matrimonio es que se espera una reciprocidad. Si yo hago algo que es desagradable para mí para que Joyce pueda tener lo que ella quiere, estaré buscando que ella me devuelva el favor. Y si no lo hace, si yo soy el único que me sacrifico, supondré que ella no me ama de la manera en que yo la amo. Tarde o temprano, mi resentimiento aflorará.

En una relación donde hay amor mutuo, como el matrimonio, el sacrificarse uno por el otro no tiene mucho sentido si ambos cónyuges verdaderamente se aman. ¿Por qué pretendería yo que Joyce sufra para que yo esté contento? ¿Por qué pretendería ella que yo sufra para agradarla a ella? Ninguno de los dos deberíamos desear que el otro pierda para que nosotros podamos lograr algo. Sólo pretenderíamos que el otro se sacrifique en un momento de indiferencia y egoísmo. El amor mutuo significa que ambos queremos que el otro prospere, y ninguno de los dos queremos que el otro sufra.

Entonces, ¿debe haber sacrificio en el matrimonio? Me parece que tiene mucho sentido trabajar juntos al sacrificarse mutuamente para lograr una meta que es valiosa para ambos. Por ejemplo, mi educación fue muy difícil tanto para mí como para Joyce. Prescindimos de muchas comodidades y pedimos prestado mucho dinero para yo poder completarla. Pero mi educación era para nuestro beneficio mutuo y a la larga compensó nuestro sacrificio mutuo.

Pero el sacrificio mutuo no es algo que se lleva a cabo en secreto. Más bien, se realiza abiertamente y ambos cónyuges saben lo que involucra y lo que recibirán a cambio de su esfuerzo. Además, tiene un fin bien definido: no se espera que el sacrificio dure para siempre. Por último, ya que el sacrificio es algo que se decide entre los dos, que requiere de un esfuerzo mutuo y que beneficia a ambos cónyuges, no involucra ninguna reciprocidad.

Entonces cuando les advierto a las parejas que eviten hacer sacrificios personales, quiero que entiendan que aunque el hacerlo parezca atractivo para una pareja que se ama mutuamente, es una estrategia donde uno gana y el otro pierde. No deben hacerlo si uno de los cónyuges gana a expensas del otro.

Pero si una pareja está de acuerdo en que un sacrificio mutuo a corto plazo puede lograr una ventaja mutua a largo plazo, este tipo de plan puede ser de gran beneficio para su matrimonio, con tal que las necesidades básicas sean satisfechas mientras que se lleva a cabo el sacrificio.

La estrategia de dictador

Aunque la estrategia del sacrificio para resolver conflictos matrimoniales puede parecer la máxima expresión del amor, la mayoría de las otras estrategias donde una persona gana y la otra pierde no son nada altruistas. En vez del concepto: "Yo perderé para que tú puedas ganar", estas otras estrategias le dan vuelta a este concepto, llegando a ser: "Tú perderás para que yo pueda ganar." Son completamente egoístas. Es obvio que se deben evitar estas estrategias. Empezaré mi análisis con el enfoque tradicional donde el esposo está a cargo, el cual ha dominado a la sociedad por miles de años. A esto le llamo la estrategia de dictador.

¿Es usted dictador?

Si no está seguro si es dictador, le presento una cuantas preguntas que le ayudarán a determinarlo. ¿En algún momento le dice a su cónyuge que haga esto o aquello? Si su cónyuge se niega a hacerlo, ¿le falta el respeto a su cónyuge o se enoja? ¿Le comunica usted a su cónyuge que si no cumple con lo que le ha pedido, habrá consecuencias negativas? ¿Requiere usted que su cónyuge le obedezca en algunas situaciones?

Lo que sería una mejor prueba sería preguntarle a su cónyuge si usted se comporta de esa manera. "¿En algún momento te mando yo a hacer esto o aquello?" Es fácil ver la estrategia de dictador en acción cuando su cónyuge es el que lo está usando.

> Pero cuando usted mismo lo usa para lograr que algo se lleve a cabo, es mucho más difícil apreciar el hecho de que es una estrategia abusiva y controladora. Es fácil decir: "¡Alguien tiene que tomar el mando o no llegaremos a nada!" y así justificar esta estrategia.

Por miles de años era la costumbre que los esposos tomaran todas las decisiones importantes en el matrimonio. El esposo pudiera haber hablado con su esposa acerca del tema para saber cuál era su perspectiva, pero eso no era algo que siempre se hacía. Y al final, la voluntad de él generalmente prevalecía.

Pero a lo largo de las últimas décadas, esta costumbre ha cambiado, por lo menos en la mayoría de las culturas occidentales. Piense un momento en el programa llamado *Father Knows Best* [Papá sabe lo que más conviene]. ¿Se puede imaginar que hoy día le dieran ese nombre a un programa? El programa se originó en 1949 y el padre era representado como el señor de su reino. Cuando el programa de radio pasó a ser un programa de televisión, el papel del padre se suavizó, pero el padre todavía era el jefe hasta el último programa en 1960.

Para el momento en que surgió un concepto similar, *All in the Family* [Todo queda en la familia] (1971-1983), la premisa principal era la comparación entre el matrimonio en el pasado y el matrimonio actual. El papel dominante tradicional de Archie Bunker contrastaba con el papel de esposo débil y confuso de su yerno Michael. "Those Were the Days" [Lo pasábamos genial en esa época], el título del tema musical del programa, mostraba claramente que en la opinión de Archie, la vida sí que era mucho más sencilla cuando mandaban los hombres.

Nuestra cultura tardó mucho en darles a las mujeres los mismos derechos que a los hombres, y estos cambios acarrearon muchos problemas. Por años, los esposos habían esperado ser los dictadores. El esposo tomaba las decisiones finales en la familia y la esposa las acataban obedientemente. De hecho, la obediencia era una promesa clave en los votos matrimoniales de la esposa.

Pero hoy día, casi nunca se usa la palabra "obedecer" en los votos matrimoniales de la esposa. Generalmente, los votos matrimoniales hoy día reflejan la igualdad de ambos cónyuges en el matrimonio. Sin embargo, los hábitos y las tradiciones viejas tardan en cambiar, y hasta el día de hoy, muchos esposos siguen tratando de mandar a su esposa.

Dictadores benévolos

Cuando un esposo usa la estrategia de dictador para resolver los conflictos matrimoniales, generalmente no pretende herir a su esposa y a sus hijos. De hecho, típicamente el esposo dirá que al final, su decisión es para beneficio de toda la familia.

Pero aun si el esposo se sacrifica como parte del proceso, la mayoría de las esposas de hoy no quieren que su esposo tome decisiones unilaterales. Las esposas quieren tener los mismos derechos que su esposo en su vida matrimonial, incluso en la toma de decisiones. Si un esposo trata de tomar una decisión sin consultar con su esposa, a ella le parece que él se está comportando de manera controladora y abusiva. Ella no quiere vivir bajo la autoridad absoluta de un esposo.

Además, lo que le pudiera parecer algo benévolo al esposo, tal vez no le parezca benévolo a la esposa. Si ambos cónyuges no están de acuerdo con cierta decisión y el esposo la toma de manera unilateral, es muy probable que no haya tomado en cuenta plenamente los intereses de su esposa. He visto a esposos que tomaron muchas decisiones que estaban destinados a ser para el bien de la familia, pero que resultaron ser desastrosas. Si la renuencia de la esposa a seguir adelante hubiera frenado el plan, la familia no hubiera sufrido. Las decisiones de una pareja generalmente son mucho más sabias si ambos se ponen de acuerdo en cuanto a un plan de acción.

El trabajar en equipo es un concepto clave en los matrimonios modernos, y la mayoría de las mujeres esperan tomar decisiones conjuntamente con su esposo. Sea o no benévolo, un esposo que espera tomar todas las decisiones finales en el matrimonio da la impresión de ser arrogante e irrespetuoso. Después de todo, dirían muchas mujeres, ¿qué derecho tiene un hombre a tomar las decisiones finales? ¿No es el juicio de una mujer igualmente sabio, o a veces más sabio?

Las esposas toman el control

En los años 1970, se les alentaba a las mujeres a asistir a clases de reafirmación personal y a resistirse a los dictadores en su vida. El meollo de lo que aprendían era cómo decir que "no" sin tener que explicarse. Para esa época, muchas mujeres todavía pensaban que tenían que obedecer las órdenes de su esposo. Se consideraba que una clase que les enseñara a decir que "no" era el primer paso para ayudarles a tomar control de su propia vida.

Hoy día, la mayoría de las esposas han ido más allá de saber decir que "no". De hecho, muchas ya han aprendido a usar la técnica de negociación tradicional usada por mucho tiempo por los esposos: la dictadura. Le han dado vuelta al papel de los esposos al llegar a ser ellas las dictadoras.

En décadas pasadas, una esposa mandona hubiera sido ridiculizada, y la mujer que tomaba las riendas en su familia hubiera sido escarnecida. Pero hoy día, esto ha cambiado y algunos hasta considerarían que esa misma mujer es una héroe. Nadie le da órdenes; ella es la que manda a los demás.

Algunos esposos de esposas mandonas han tratado de adaptarse al liderazgo de su esposa. En vez de desafiar el enfoque agresivo de su esposa ante los problemas, simplemente tratan de amoldarse a él. Cuando hay un conflicto de opinión, estos esposos ceden para evitar disputas. Se esfuerzan por hacer cualquier cosa para mantener feliz a su esposa, aun a expensas de sí mismos. Tal vez era eso lo que estaba haciendo el esposo en mi ejemplo anterior; cuando "cedió" a lo que quería su esposa, no estaba sacrificándose, sino capitulando.

Dictadores que se baten en duelo

Algunas esposas se someten a las exigencias de su esposo, y algunos esposos hacen lo mismo cuando su esposa toma las riendas. Pero una reacción mucho más común en los esposos ante una esposa dictadora es contraatacar. Las discusiones entre cónyuges que se baten entre sí son tan comunes que los terapistas han recurrido a alentar a las parejas a "pelear de manera justa". Muchas veces se considera que el resolver los conflictos matrimoniales sin pelear no es una opción legítima, sino optimismo a ultranza.

Ya que generalmente una persona reconoce la autocracia cuando la ve en su cónyuge pero no la ve en su propia vida, la estrategia de dictadores que se baten en duelo llega a ser muy común en los matrimonios, especialmente después que llegan los hijos. Al luchar en torno al cuidado nocturno de Emily, tanto Jodi como Tony estaban tratando de obligar al otro a hacer su voluntad. Ambos estaban usando la estrategia de dictador, y no funcionó muy bien.

Hoy día, ¿puede un cónyuge exigirle algo al otro cónyuge? ¿Usted en algún momento hace lo que le manda a hacer su cónyuge? Aun si sólo lo hace de vez en cuando, estoy seguro que se siente resentido. Pero también estoy seguro que usted también le hace exigencias a su cónyuge, por lo menos de vez en cuando. Usted ya sabe que es una táctica que no le funciona muy bien, pero sigue tratando de usarla porque no sabe qué más hacer.

La próxima vez que le exija algo a su cónyuge, imagínese un momento que él o ella está usando las mismas palabras y el mismo tono de voz para exigirle algo a usted. ¿Cómo reaccionaría usted? Lo más probable sería que pelearía y no se sometería. Eso es lo que la mayoría de los cónyuges están haciendo cuando tratan de resolver un conflicto. Tratan de obligar a su cónyuge a aceptar ciertas soluciones, y esto generalmente lleva a un duelo.

La estrategia de la anarquía

Hace unos cuantos años, hojeando una edición de *Reader's Digest* [*Selecciones*], me encontré con un artículo titulado "La ciencia de un matrimonio feliz" por Michael Gurian. El subtítulo del artículo era particularmente intrigante: "Por naturaleza, los hombres y las mujeres no son creados uno para el otro. Cómo hacer para engañar nuestro ADN y vivir felices para siempre."

La tesis de este artículo era que las parejas experimentan cinco etapas en el matrimonio: 1) romance; 2) desilusión; 3) lucha por el poder; 4) despertar; y finalmente; 5) matrimonio a largo plazo. Todos entendemos las etapas del romance, de la desilusión y de la lucha por el poder, pero ¿qué significa para el autor el despertar y el matrimonio a largo plazo? Gurian explica que el despertar es llegar a entender que el romance sólo es posible al principio de una relación y que si la pareja quiere tener un matrimonio a largo plazo, deben dejar de esperar tener un matrimonio romántico. Cuando esto ocurre, la pareja puede llegar a establecer una relación a largo plazo.

En otras palabras, en los mejores matrimonios, cada cónyuge vive su vida independientemente del cónyuge. Gurian dice que deben tener amigos diferentes, desarrollar pasatiempos diferentes, tomar vacaciones diferentes y crear diferentes estilos de vida. Deben darse cuenta que sólo pueden seguir casados si se relacionan lo menos posible. Después de luchar desesperadamente por unir la vida del hombre con la de la mujer, lo cual es algo que es necesario en una relación romántica, finalmente se dan cuenta que el vivir una vida independiente es la única manera en que podrá sobrevivir su matrimonio.

Como muchos otros cónyuges, es probable que Gurian utilizó la estrategia de dictadores que se baten en duelo en el momento de resolver problemas matrimoniales, y vivió sus consecuencias. Esta estrategia crea una lucha por el poder que parece ser interminable e inútil. Lo que empieza como una relación romántica se transforma en la peor pesadilla que la pareja hubiera podido imaginar. Los amantes cariñosos han llegado a ser asesinos.

De modo que en la opinión de este autor, para seguir casados, una pareja tiene que desistir de la ilusión de que podrán mantener una relación romántica y entender que los hombres y las mujeres simplemente no están hechos para unirse por mucho tiempo. Simplemente son demasiado diferentes. El tomar decisiones independientes llega a ser la solución definitiva para resolver los conflictos matrimoniales.

¿Será así? ¿Es eso lo que cada pareja debe esperar en su vida? ¿Es eso lo que usted quiere que llegue a ser su matrimonio?

Tal vez haya encontrado, como Tony y Jodi, que la estrategia de dictadores que se baten en duelo no resuelve sus conflictos matrimoniales, y en realidad, sólo empeora la situación. Tal vez el hombre y la mujer son tan diferentes que no se puede esperar que se unan de por vida. Entonces, es posible que usted haya empezado a tomar por lo menos algunas de sus decisiones independientemente de su cónyuge. Si este o esta no colabora con usted, entonces su única manera de poder sobrevivir es haciendo las cosas solo. A esto le llamo la estrategia de la anarquía para resolver conflictos matrimoniales. Y es otra estrategia donde uno gana y el otro pierde, que no funciona.

Las buenas noticias son que, al contrario de lo que el señor Gurian y otros quisieran hacerle creer, esta no es su única opción. Desafortunadamente, la mayoría de las parejas no entienden esto cuando se casan. Simplemente aprenden por experiencia propia que las estrategias donde un cónyuge gana y el otro pierde no resuelven sus problemas.

La anatomía de un conflicto

Regresemos al ejemplo que usé al principio, del conflicto matrimonial de Tony y Jodi: ¿quién de los dos debería levantarse de noche con la pequeña Emily?

Cuando nació su primer hijo, Robbie, Tony sugirió que Jodi se levantara de noche a cuidarlo ya que el trabajo de él requería más agudeza mental que el de ella. Al principio, Jodi sacrificaba su propio sueño de buena gana para que Tony pudiera estar descansado al día siguiente. Pero con el paso del tiempo, empezó a sentir que el arreglo que tenían no era justo.

Para cuando nació la pequeña Emily, Jodi ya no estaba dispuesta a ser la única que se levantaba. Sugirió que Tony y ella se turnaran, pero él se negó a hacerlo y exigió que ella siguiera siendo la única responsable de cuidar a Emily de noche. Tony se había vuelto un dictador.

Jodi trató de someterse a las exigencias de su esposo por unos cuantos días, pero a la larga, decidió resolver el problema de su propia manera. Cuando Emily lloraba, Jodi empujaba a Tony de modo que este se cayera de la cama. Jodí se había vuelto a su vez una dictadora.

Por supuesto que el que ambos trataran de imponerse no resolvió el problema que tenían, sino que más bien causaba una discusión. Cada uno tenía su propia perspectiva de cómo el conflicto debía resolverse y trataba de imponerle esta perspectiva al otro. Cuando su exigencia no era satisfecha, Tony le dijo a Jodi que al negarse a levantarse cada vez que Emily lloraba de noche, no estaba siendo una buena esposa y madre. A su vez, Jodi le dijo a Tony que estaba siendo egoísta al suponer que ella era la única que debía cuidar de sus hijos.

Las riñas llegaron a tal punto que ambos se gritaban obscenidades, lo cual hizo despertar a Robbie. Ahora sus dos hijos estaban llorando y los padres ni siquiera los oían porque se estaban gritando.

Esa discusión marcó un cambio en su matrimonio, por lo menos para Jodi, quien llegó a la conclusión de que el discutir no tenía sentido, ya que no resolvía nada. Entonces hizo lo que le pareció ser la mejor alternativa: empezó a tomar algunas decisiones como si Tony no existiera.

En cuanto al conflicto entre manos, Jodí decidió que ella cuidaría de los niños cuando lloraban de noche, no porque Tony le decía que lo hiciera, sino porque él se negaba a hacerlo y ella quería que sus hijos recibieran consuelo de alguien. Sin embargo, la próxima vez que él quería que ella hiciera algo por él, descubriría que no contaba con ella.

Jodi empezó a usar la estrategia de la anarquía para resolver los conflictos: hacía lo que le daba la gana.

Al principio, Tony se contentó que Jodi lo dejara dormir de noche. Sabía que ella estaba disgustada con él y que se había alejado de él emocionalmente, pero tenía negocios importantes que llevar a cabo y no tenía tiempo para pensar en los asuntos de Jodi.

Pero a medida que pasaban los días y las semanas, la independencia de Jodi empezó a molestarlo cada vez más. Ella vivía su vida sin dejarle saber lo que estaba haciendo ni a dónde iba. Algunas tardes, después que él llegaba del trabajo, ella se iba en su auto y no regresaba hasta después de la medianoche. Cuando él le preguntaba dónde había estado, ella le respondía que no era asunto de él.

Tony trató de discutir con Jodi cuando ella se iba, pero ella se negaba a discutir con él. Tenía su propio auto, su propia cuenta bancaria, y su propio teléfono celular. No hablaba con él sobre nada, incluso la razón por la cual se negaba a hacer el amor. A la larga, él decidió que para evitar un divorcio, debía adoptar la misma estrategia y empezar a hacer lo que le daba la gana. Ahora ambos estaban usando la estrategia de la anarquía para resolver sus problemas e iban por mal camino.

¿En vez de adoptar esta estrategia, qué han debido hacer? Lo descubriremos en el próximo capítulo.

4
Teniendo en cuenta el amor romántico

Hasta ahora, me he enfocado en una de las razones por las cuales las cosas no andan bien cuando un cónyuge gana y el otro pierde: en los matrimonios de hoy, simplemente no se logran resolver los conflictos de esta manera. El cónyuge que pierde generalmente no acepta la situación. Opta por tratar de imponerse en un momento futuro, o bien resolver los problemas a su manera sin consultar al cónyuge. En ambos casos, el problema persiste.

Aunque es cierto que Jodi se levantó de noche con Emily después de la discusión que tuvieron y siguió haciéndolo durante las próximas semanas, el problema no se resolvió. La "solución" y la manera en que esta se decidió provocaron en ella un profundo resentimiento hacia Tony cada vez que pensaba en la situación.

Ese sentimiento de amargura que albergaba Jodi señala otra razón por la cual las situaciones donde un cónyuge gana y el otro pierde no son buenas: destruyen el amor romántico dentro del matrimonio. Le explicaré cómo sucede esto al presentarle una metáfora que he creado para ayudar a las parejas a entender que todo lo que hacen y cada decisión que toman afecta el amor que sienten uno por el otro. A esto le llamo "el banco del amor."

El banco del amor nunca cierra

Hay un banco del amor dentro de cada uno de

nosotros. Nuestras emociones usan este banco para llevar la cuenta de cómo nos tratan las personas. Cada persona que jamás hayamos conocido tiene una cuenta en nuestro banco del amor, y el saldo de esta cuenta depende de la manera en que la presencia de esa persona nos hace sentir. Si nos sentimos bien estando con alguien, se depositan "unidades de amor" a su cuenta. Pero si nos sentimos mal estando con la persona, se retiran "unidades de amor". Mientras más contentos nos hace sentir la persona, más unidades de amor son depositadas. Y mientras menos satisfechos nos hace sentir la persona, más unidades de amor son retiradas.

Nuestras emociones usan el saldo que tiene cada persona en nuestro banco del amor para avisarnos si dicha persona debe o no formar parte de nuestra vida. Llevan a cabo esto al hacer que la persona nos parezca atractiva o repulsiva. Cuando alguien tiene un saldo positivo en nuestro banco de amor, es decir, hay más depósitos que retiros, nuestras emociones nos animan a pasar tiempo con esa persona, porque nos cae bien. Pero cuando alguien tiene un saldo negativo, es decir, hay más retiros que depósitos, nuestras emociones nos animan a huir de esa persona, porque no nos cae bien.

Mientras mayor sea el saldo positivo de una persona en nuestro banco del amor, más atraídos nos sentimos a esa persona. Por ejemplo, si se han acumulado doscientas unidades de amor en su cuenta, tenemos sentimientos positivos hacia esa persona. Si se han acumulado quinientas unidades de amor, es posible que consideremos a la persona como uno de nuestros mejores amigos.

Pero ocurre algo especial cuando el saldo de una persona del sexo opuesto llega a un número crítico de digamos, mil unidades de amor. Nuestras emociones nos impulsan a pasar todo el tiempo que podamos con esa persona, incluso para el resto de nuestra vida. Es el sentimiento increíble de atracción que llamamos amor romántico.

Por supuesto que los saldos negativos tienen el efecto opuesto. Igual que una cuenta de cheques, una cuenta en el banco del amor puede estar sobregirada cuando se siguen retirando unidades de amor cuando ya no queda ninguna. Si alguien en el trabajo tiene un saldo negativo en nuestro banco del amor de doscientas unidades debido a sus hábitos irritantes, nuestras emociones nos llevan a sentirnos incómodos cada vez que estamos en presencia de esa persona, aun si no está haciendo nada que nos irrite. Alguien que tiene un saldo negativo de quinientas unidades de amor nos parecerá repugnante. Nuestras emociones nos llevan a evitar estar con personas que nos inspiran sentimientos desagradables, y logran esto al hacer que dicha persona nos parezca poco atractiva.

Es lógico, entonces, que cuando una persona tiene un saldo negativo sumamente grande, digamos de mil unidades de amor, nuestras emociones hacen todo lo posible por llevarnos a evitar cualquier contacto con esa persona. Es en estos momentos que terminamos "odiando" a la persona. Esto ocurre automáticamente cuando el saldo de una persona en nuestro banco del amor baja a un nivel crítico.

No llegamos a este umbral de odio con la mayoría de las personas porque dejamos de estar en contacto con ellas mucho antes de que su saldo en nuestro banco del amor baje tanto. Si trabajamos con una persona muy desconsiderada y ofensiva, podemos pedir que nos trasladen a otra oficina y simplemente evitar en lo posible tener contacto con esa persona. Aun si se trata de nuestro vecino de al lado, podemos tratar de ignorar a la persona o pudiéramos hasta mudarnos si fuera necesario. Es posible escapar de casi todas las personas que nos disgustan, y así poner fin a los retiros a su cuenta en nuestro banco del amor.

Pero en el matrimonio, no es tan fácil escaparse. Día tras día, semana tras semana, mes tras mes, la persona que se ve obligada a estar con un cónyuge que sigue haciendo retiros a su cuenta de banco del amor, a la larga llega a sentirse tan repugnado que el divorcio parece ser la única solución. Lo que antes era un sentimiento de amor romántico cuando los saldos de ambos en el banco del amor estaban en niveles muy altos ha llegado a ser un sentimiento de repugnancia profunda y persistente.

Y todo esto se debe a una realidad sumamente importante en el matrimonio: *prácticamente todo lo que hacen usted y su cónyuge afecta su opinión uno del otro. Todo lo que hacen edifica el amor que se sienten, o bien lo destruye.*

Por supuesto que una experiencia mala no destruirá el amor que sienten los cónyuges uno por otro. Pero la manera en que toman decisiones y las decisiones en sí pueden destruir su amor, si uno de los cónyuges siempre sale perdiendo.

La discusión acerca de quién debía levantarse para tranquilizar a Emily provocó retiros inmensos de las cuentas del amor tanto de Tony como de Jodi, y la decisión en sí provocó más retiros de la cuenta de Tony en el banco del amor de Jodi cada vez que se implementaba. Pero el conflicto no era un incidente aislado. Lo mismo pasaba cuando la pareja confrontaba otros conflictos. Sólo unos dos días antes, Tony llegó a casa antes de Jodi y empezó a jugar un juego de vídeo. Cuando ella llegó después de recoger a los niños de la guardería, él siguió jugando su juego, lo cual molestó a Jodi.

—¿Por qué estás jugando un juego de vídeo cuando

sabes que los niños tienen hambre? ¿Por qué no empiezas a hacer la cena? ¿Qué tipo de padre eres? —le gritó Jodi.

—¡Por lo menos regreso a casa a tiempo! ¿Qué estabas haciendo tú que era tan importante? —le gritó Tony.

El asunto de quién debía hacer qué después de regresar del trabajo ya lo habían hablado Tony y Jodi. De hecho, habían tenido una discusión sobre esto casi todas las semanas, pero no habían llegado a un acuerdo. Tony quería que Jodi fuera siempre la responsable de preparar la comida de los niños, y Jodi quería que Tony la ayudara. Pero no habían llegado a un acuerdo. Entonces Tony hizo lo que le pareció correcto: se puso a jugar un juego de vídeo para relajarse después de un día de trabajo arduo.

La mayoría de las mujeres que leen esta ilustración entenderán lo frustrada que se sentía Jodi con Tony. Posiblemente hayan experimentado algo muy similar cuando sus hijos estaban pequeños. Y también estarían de acuerdo con el punto que estoy recalcando en este capítulo: el hecho de no resolver los conflictos de modo que ambos cónyuges queden satisfechos, puede destruir el amor entre los cónyuges.

Las decisiones que tomó Tony lo beneficiaban a expensas de Jodi. El que Jodi lo asociara a él con el resentimiento que causaron estas decisiones provocó retiros inmensos de la cuenta de Tony en el banco del amor de Jodi. El no encontrar soluciones que beneficiaran a ambos en este conflicto y otros parecidos hizo que la atracción se volviera repugnancia.

Las soluciones donde uno ganaba y otro perdía habían llegado a ser una costumbre

Durante su tiempo de novios y aun en los primeros años de su matrimonio, los conflictos entre Tony y Jodi habían sido poco comunes porque su vida era relativamente sencilla. Pero cuando surgía un conflicto, tendían a responder sacrificialmente. Cada uno hacía lo que fuera para que el otro estuviera satisfecho, aun cuando la decisión no beneficiaba en nada al que se sacrificaba. Cada uno estaba dispuesto a ayudar al cónyuge sin que este se lo pidiera, porque estaban enamorados. Ambos trataban de hacer lo que su cónyuge parecía esperar, y evitaban hacer cualquier cosa que pudiera decepcionar al otro. Se desvivían por demostrar el amor que sentían uno por el otro.

Pero después que nació su primer hijo y sus responsabilidades aumentaron de manera exponencial, la vida se hizo más estresante para ambos. Empezaron a depender más del otro para hacer las tareas que quedaban por hacer, pero no habían aprendido a pedir ayuda uno al otro. En algún momento entre su primer y segundo hijo, ambos empezaron a sentir que el otro no estaba colaborando lo suficiente. Cada cónyuge sentía que estaba dando mucho más de lo que recibía. Entonces, en vez de seguir dando sacrificadamente, empezaron a tomar del cónyuge de manera egoísta.

Ya hemos hablado de algunos de los problemas que conlleva el dar sacrificadamente: una falta de apertura, un precedente insostenible, una expectativa de que la otra persona también se sacrificará, y un resentimiento cada vez mayor cuando las expectativas no se cumplen. Pero también existe otro problema. El dar de esta manera puede destruir el amor romántico.

Uno pensaría que el dar sacrificadamente en el matrimonio aumentaría el amor romántico. Y pudiera parecer así si los conflictos de la pareja son pocos y sencillos, como eran los conflictos de Tony y Jodi cuando eran novios. Pero cuando la vida se vuelve más complicada, sobre todo después que nacen los hijos, es más obvio que el sacrificio es una estrategia que no funciona, ya que no promueve situaciones donde ambos cónyuges salen ganando. Y los conflictos no se resuelven cuando uno sale ganando y el otro sale perdiendo.

A medida que los problemas caían sobre Tony y Jodi como aguas torrenciales, implacables y sobrecogedoras, necesitaban saber cómo tratar con estos problemas rápidamente y de la manera correcta. Pero ya que nunca habían aprendido estas lecciones, no estaban preparados para lo inevitable.

Aquellos que piensan que el amor romántico en el matrimonio es fugaz y no dura más de los primeros años de un matrimonio deberían pasar más tiempo con parejas que han experimentado toda una vida de amor romántico. ¿Qué están haciendo estas parejas para que su matrimonio sea tan romántico? ¿Será su personalidad? ¿Habrán encontrado la pareja perfecta con la que son excepcionalmente compatibles? ¿Tienen un alto nivel de compromiso mutuo?

¿O será que han aprendido a resolver sus conflictos de una manera que los ayuda a mantener vivo su amor uno por otro?

Yo le llamo *amor extraordinario* a lo que Joyce y yo hemos gozado por cincuenta años de matrimonio. No usamos las estrategias de resolución de conflictos matrimoniales más usuales, que son aquellos que provocan enfrentamientos entre los cónyuges. Estas sólo llevan a la desilusión y a las peleas. En vez de esto, encontramos soluciones que edifican camaradería y confianza. Cada vez que tenemos un conflicto, buscamos soluciones donde ambos ganamos.

La metáfora del banco del amor le puede ayudar a entender lo que costará estar enamorados durante toda una vida: ambos deben hacer cuantos depósitos puedan y evitar hacer retiros. Mantenga su saldo de amor a por lo menos mil unidades de amor. Escribí el libro *Lo que él necesita, lo que ella necesita* para ayudar a las parejas a aprender a hacer grandes depósitos de amor en el banco del amor de su cónyuge al satisfacer sus necesidades emocionales más básicas. Luego escribí *Love Busters* [Acciones que destruyen el amor]* para ayudar a las parejas a evitar prácticas comunes que provocan retiros de la cuenta del amor del cónyuge. También he creado dos cuestionarios: el Cuestionario sobre necesidades emocionales (Apéndice B) y el Cuestionario sobre hábitos que destruyen el amor (Apéndice C), que le ayudarán a identificar sus necesidades emocionales más importantes y los hábitos más dañinos que pueden estar minando su amor uno por otro. Si lo desea, puede hacer una copia en formato ampliado para tener bastante espacio para escribir sus respuestas. También pueden ser bajadas sin costo alguno de la sección de cuestionarios del sitio web de *Marriage Builders* [Edificadores de los matrimonios], www.MarriageBuilders.com).

Pero en este libro enfocaré una tercera manera de mantener alto su saldo de amor en el banco del amor de su cónyuge: tomar decisiones que conllevan a soluciones donde ambos ganan. Esta es la única manera de hacer depósitos en el banco del amor uno del otro simultáneamente.

5
Una estrategia donde ambos ganan

Ed tenía un tiempo disponible entre citas. Su próxima cita de tasación inmobiliaria era en dos horas y ya había completado todo su trabajo de oficina. Por esta razón, decidió usar su tiempo libre para ir a comprar un refrigerador nuevo. El que tenía en su apartamento funcionaba, pero era uno que había heredado de su abuelo. Era un refrigerador a gas que tenía más de sesenta años.

Cuando entró en la tienda de electrodomésticos, inmediatamente lo saludó un dependiente, quien le preguntó lo que quería ver. Al decir Ed que quería ver los refrigeradores, el dependiente lo llevó amablemente a donde estaban los refrigeradores, hileras de refrigeradores de todas las formas y tamaños. Cuando el dependiente le preguntó a Ed cuánto espacio tenía para poner el refrigerador, Ed se sorprendió al enterarse de que tendría bastante espacio ya que estaría reemplazando un refrigerador a gas grande y anticuado.

Después de escoger un modelo de un tamaño que era apto para la cantidad de comida que necesitaba guardar, Ed le hizo al dependiente una pregunta de crucial importancia: *¿Qué ventajas tendría un refrigerador nuevo comparado con mi refrigerador viejo?* El dependiente respondió describiendo los espacios individuales dentro del refrigerador que mantendrían frescos los diferentes tipos de comida, las ventajas económicas, y su aspecto moderno. Luego le hizo a Ed una oferta que era difícil de rechazar: *Sacaremos su refrigerador viejo, instalaremos el nuevo, y si en dos semanas usted no está de acuerdo en que esta fue una de sus mejores decisiones del año, retiraremos nuestro refrigerador y pondremos su viejo refrigerador en su lugar original, sin cobrarle nada.*

Ed aceptó la oferta del dependiente y compró el refrigerador nuevo y moderno, y dos semanas después estaba satisfecho de haberlo comprado.

Los negociadores comerciales han aprendido a hacer algo que todavía no han aprendido a hacer los políticos: saben negociar teniendo en cuenta los intereses de la otra parte. En los negocios, la otra parte es el cliente, cuya satisfacción es necesaria para poder tener éxito. Entonces, si en las palabras de Charlie Weaver, la meta del comerciante fuera dejar a su cliente "un poco contento y un poco enojado", este no tendría muchas posibilidades de tener éxito en los negocios.

La meta de las negociaciones entre los vendedores y sus clientes es proveer un producto que el cliente esté entusiasmado por comprar a un precio que es beneficioso para la compañía. Su meta es que ambas partes salgan ganando, y es algo que se logra muchas veces cada segundo en todo el mundo. Entonces, si lo puede lograr el negocio promedio, ¿por qué no lo puede lograr el matrimonio promedio?

¿Por qué se resisten las parejas a tener metas beneficiosas para ambos?

Un resultado beneficioso para ambos es lo ideal, ya sea en los negocios o el matrimonio. Todos estarían de acuerdo en que esto es verdad, pero como ya he mencionado, algunos creen que tratar de llegar a este ideal en el matrimonio es inmoral, imposible o impráctico. Les parece que en una relación romántica entre un hombre y una mujer es imposible lograr una resolución a los conflictos que sea beneficiosa para ambos.

Generalmente, el problema viene a raíz de la confusión en cuanto al valor de la estrategia del sacrificio, donde un cónyuge está dispuesto a perder para que el otro cónyuge gane. Es una manera muy arraigada de comprobar que se ama al cónyuge, y es la manera en que empiezan la mayoría de las relaciones románticas. El sacrificarse le da un estímulo inicial a su cuenta en el banco del amor de un posible cónyuge.

Esto se parece mucho a lo que hacen los negocios para vender inicialmente un nuevo producto. Este se vende a muy bajo precio, o hasta se regala, para que los futuros clientes puedan comprobar lo bueno que es el producto. En un noviazgo, las dos partes quieren tener la oportunidad de conocerse, de modo que muchas veces sacrifican sus propios intereses para motivar al otro a pasar tiempo juntos. Cuando yo llamaba a Joyce para invitarla a salir, ella decía que sí, aun sin saber qué actividad íbamos a hacer.

Pero es aquí que las relaciones de negocio y las relaciones románticas difieren. En los negocios, el producto que inicialmente se regaló, ahora se vende a un precio que es beneficioso para la compañía y satisface al cliente. Sin embargo, en las relaciones románticas, se sigue esperando que las personas se sacrifiquen. Después de todo, la gente ve esto como el ideal romántico.

Afortunadamente, después que hicimos nuestros votos, Joyce dejó de sacrificar sus intereses sólo por estar conmigo. Si íbamos a salir, ella quería saber a dónde íbamos a ir antes de aceptar. Y si no estaba interesada en lo que yo tenía pensado, sugería alternativas que le gustaban. La estrategia del sacrificio había dejado de implementarse en nuestro matrimonio, como ocurre en toda relación romántica.

¿Por qué beneficiaba esto nuestro matrimonio? Porque ya nos veíamos obligados a hacer lo que hacen los negocios: encontrar soluciones a nuestros conflictos que eran beneficiosas para ambos.

Por supuesto que hubiéramos podido hacer lo que hacen la mayoría de los cónyuges: implementar las estrategias de dictador, de dictadores que se baten en duelo y de la anarquía. Con el tiempo, nos hubiéramos desilusionado, hubiéramos luchado para lograr el poder, hubiéramos perdido el amor que sentíamos uno por otro y a la larga nos hubiéramos separado, ya sea por medio del divorcio o por una separación permanente. Pero no seguimos ese camino, y como resultado, todavía tenemos una relación romántica después de cincuenta años de matrimonio. Estoy convencido que todas las parejas pueden seguir el camino que nosotros hemos seguido al aprender a resolver sus conflictos teniendo en cuenta los intereses de la otra persona. Cuando hacen esto, encontrarán que para todo conflicto, hay una solución que es beneficiosa para ambas partes.

La estrategia del acuerdo mutuo

Para ayudar a las parejas a no descuidarse, las desafío a seguir una regla que produce resultados beneficiosos para ambas partes. A esto le llamo la estrategia del acuerdo mutuo: *Nunca haga nada sin que haya un acuerdo entusiasta entre usted y su cónyuge.* El acuerdo entusiasta llega a ser la meta de la negociación cada vez que la pareja enfrenta un conflicto En otras palabras ambas personas deben salir ganando, y de no ser así, siguen negociando.

Si usted y su cónyuge implementan la estrategia del acuerdo mutuo, esto los obligará a resolver los conflictos de la manera correcta: tomando en cuenta simultáneamente los intereses de ambos. Al proceder de esta manera, los cónyuges muestran amor uno por el otro. Además, las decisiones finales que se toman de esta manera generalmente son mucho más sabias que cualquier decisión que uno de los cónyuges hubiera tomado solo. Al unirse para tomar cada decisión, los cónyuges pueden considerar una gama de opciones mucho más amplia y llegar a conclusiones que toman en cuenta más factores.

Cuando les presento esta regla a mis clientes por primera vez, generalmente desencadena dos reacciones. Primeramente, los cónyuges reaccionan ante el hecho que su cónyuge los consultará antes de tomar una decisión: "Si esto quiere decir que Lisa tiene que pedir mi opinión acerca de lo que piensa hacer antes de hacerlo, me parece que es una buena idea. Hay muchas actividades en su vida de las cuales quisiera estar al tanto y muchas cosas con las cuales no estaría de acuerdo si estuviera enterado de ellas. Si ella me dijera sus planes con anticipación y me diera el derecho de vetar algunos de ellos, me parece que nos llevaríamos mucho mejor."

Pero muy pronto surge otra reacción: sus sentimientos ante el hecho de que tendrán que tener el acuerdo de su cónyuge antes de ellos hacer cualquier cosa: "Sería ridículo permitir que Lisa me impidiera hacer lo que tengo que hacer. A veces ella simplemente no entiende, de modo que tengo que tomar decisiones que no le agradan. No me parece que los sentimientos de ella debían impedirme llegar a mis metas personales."

¿Por qué es necesario un acuerdo "entusiasta"?

En la mayoría de los matrimonios, puede ser un reto llegar a un simple acuerdo. Entonces, ¿por qué insisto en que el acuerdo tiene que ser "entusiasta"? ¿Ese requisito no hace que las decisiones difíciles parezcan imposibles? A menos que haya un acuerdo entusiasta, es una tentación conformarse con un acuerdo a regañadientes, donde uno de los cónyuges accede a lo que desea el otro, sólo para evitar conflictos. En ese caso, en vez de ganar, el cónyuge renuente pierde.

Pero el acuerdo a regañadientes no sólo hace que un cónyuge salga perdiendo, sino que también puede llevar a este cónyuge a no cumplir lo que prometió. ¿En algún momento ha tenido un acuerdo con su cónyuge que no se cumplió? Su cónyuge acordó hacer algo para usted y luego no lo hizo. Generalmente, cuando la persona no lleva a cabo un acuerdo, es porque hizo el acuerdo a regañadientes. En el momento, su cónyuge se sintió presionado a acceder, pero cuando llegó el momento de llevar a cabo la tarea, él o ella no tenía la motivación necesaria. Tal conducta es muy frustrante, y además, hace que los acuerdos no signifiquen nada.

El acuerdo entusiasta resuelve ese problema. Cuando está claro que un acuerdo toma en cuenta los intereses de ambos cónyuges, casi nunca cuesta poner en práctica lo que se acordó. Les conviene a ambos cónyuges cumplir con sus compromisos, y por lo tanto, ambos pueden confiar en que los acuerdos que han hecho se cumplirán.

Esto nos lleva a considerar el problema de la empatía. Todos queremos que nuestro cónyuge sea considerado, porque lo que nuestro cónyuge nos hace afecta nuestros sentimientos. Sin embargo, tendemos a ser desconsiderados con nuestro cónyuge porque lo que nosotros le hacemos no afecta nuestros sentimientos. Si tuviéramos una conexión emocional uno con el otro tal que sintiéramos todo lo que uno le hiciera al otro, nos comportaríamos de manera muy diferente. Querríamos saber, de antemano, cómo nuestra conducta afectaría a nuestro cónyuge, para evitar sentirnos mal.

Al no tener una conexión emocional así, la estrategia del acuerdo mutuo es la mejor alternativa. Nos obliga a avisar a nuestro cónyuge por adelantado de qué manera estaremos afectándolo. Aunque en realidad los cónyuges no pueden sentir cómo sus acciones afectan a la otra persona, el implementar la estrategia del acuerdo mutuo nos hace conducirnos como si lo sintiéramos.

"¿Qué opinas?"

La estrategia del acuerdo mutuo ayuda a ambos cónyuges a ser sensibles a los sentimientos uno del otro, especialmente cuando no tienen ganas de serlo. El que cada persona tenga que contar con el acuerdo entusiasta del otro antes de hacer cualquier cosa, obliga a ambos a hacerle al otro una pregunta muy importante: *¿Qué opinas acerca de lo que me gustaría hacer (o lo que me gustaría que hicieras por mí)?*

El hacerse esa pregunta sencilla y escuchar la respuesta los ayuda a entenderse uno al otro. Aunque usted no sienta exactamente lo que siente su cónyuge, por lo menos le da a su cónyuge la oportunidad de comunicarle sus sentimientos y opiniones. De esta manera, la estrategia del acuerdo mutuo lo lleva a ser considerado.

Ustedes son ahora un equipo; ya no son dos personas individuales. Como compañeros para toda la vida, deben trabajar juntos para lograr objetivos que benefician a ambos simultáneamente. ¿Por qué consideraría un cónyuge que sus intereses son tan importantes que para lograrlos, puede llevarse por delante los intereses del otro? Esa es una fórmula para el desastre matrimonial. Un equipo no puede sobrevivir si uno de los miembros está halando en contra del otro.

Cuando veo por primera vez a una pareja que está atravesando una crisis matrimonial, por lo general están viviendo su vida como si su cónyuge no existiera, tomando decisiones sin considerar al otro, porque no le importan los sentimientos del otro. Cuando yo les presento la estrategia del acuerdo mutuo, muchas veces les parece irracional. Su modo de vida está basado en tantos hábitos desconsiderados que esta política pareciera amenazar su vida misma.

Al principio, ninguno de los cónyuges quiere abandonar su estilo de vida desconsiderado. Pero yo les reto a que intenten hacerlo por unas cuantas semanas, y mientras más intentan seguir esta política, más fácil se hace llegar a un acuerdo. En vez de tomar decisiones desconsideradas, empiezan a tomar en cuenta los sentimientos del otro a la hora de tomar decisiones. Y empiezan a desarrollar una verdadera compatibilidad mientras edifican un modo de vida que es cómodo para ambos.

Me parece que es obvio por qué las acciones desconsideradas destruyen el matrimonio. No solamente dan lugar a enormes retiros del banco del amor, destruyendo así el amor romántico, sino que son una prueba de que en realidad, los cónyuges no se aman. Si se amaran, tomarían en cuenta los sentimientos del otro, y tomarían decisiones, teniendo en cuenta los intereses de ambos.

No es de extrañar que tantas personas se sientan desilusionadas con el matrimonio. Yo también me sentiría desilusionado si Joyce no tomara en cuenta mis opiniones en el momento de tomar decisiones. Pero no tiene que ser así. Definitivamente, no ha sido así en nuestro matrimonio. Al tomar nuestras decisiones juntos, Joyce y yo demostramos nuestro amor uno por el otro, y como resultado, nuestro matrimonio sigue siendo muy grato para ambos.

Cuando una pareja se compromete a compartir el control con su cónyuge al guiarse por la estrategia del acuerdo mutuo, la vida de ambos empieza a juntarse, y su amor uno por otro crece. En este momento, están usando lo que yo llamo "la estrategia de la democracia" para resolver sus conflictos.

La estrategia de la democracia: eficaz, pero difícil de implementar

La estrategia de la democracia no tiene ninguna de las desventajas de las otras cuatro estrategias que hemos mencionado: la estrategia del sacrificio, la estrategia de dictador, la estrategia de dictadores que se baten en duelo, y la estrategia de la anarquía. Donde las otras estrategias fallan, la estrategia de la democracia da resultado. En vez de destruir el amor romántico, lo edifica. Es la única manera razonable de tomar decisiones en pareja.

Sin embargo, aunque la democracia ha sido eficaz en el mundo de la política, es difícil de implementar y es complicada. Lo mismo ocurre en el matrimonio. Guiarse por la estrategia de la democracia en el matrimonio requiere de entrenamiento, creatividad y paciencia.

En el próximo capítulo, describiré el entrenamiento que les dará a los cónyuges la habilidad de resolver los conflictos matrimoniales de la manera correcta. Si siguen este programa de entrenamiento, encontrarán a la larga que logran resolver algunos de los problemas más difíciles en el matrimonio. Y estas soluciones los ayudarán a hacer de su matrimonio lo que ambos habían soñado que sería.

6
Negociadores, tomen sus lugares

Espero que ya esté convencido de que su meta al resolver los conflictos matrimoniales debe ser llegar a soluciones donde ambos cónyuges se benefician. Pero puede ser que todavía no sepa cómo llegar a un acuerdo entusiasta. Después de todo, la democracia no es nada fácil y tampoco lo es la negociación usando la estrategia de la democracia. Sin embargo, tanto para las civilizaciones como para los matrimonios, vale la pena esforzarse para tomar en cuenta los intereses de los demás.

A diferencia de la estrategia del sacrificio, la estrategia de dictador, la estrategia de dictadores que se baten en duelo, y la estrategia de la anarquía, la meta de la estrategia de la democracia es *la consideración mutua.* Las otras estrategias mencionadas pasan por alto el fin del matrimonio. No llevan a que dos vidas se unan como lo hace la estrategia de la democracia. Más bien, a la larga hacen que la pareja se distancie.

Si usted y su cónyuge desean ser más compatibles y amarse más, el primer paso a tomar es aceptar la estrategia del acuerdo mutuo como la regla que seguirán el resto de su vida. Esta regla nos ayuda a formular la pregunta: *¿Qué opinas acerca de lo que me gustaría hacer o lo que me gustaría que hicieras por mí?*

Cuando uno de los cónyuges hace esta pregunta y recibe una respuesta negativa, la estrategia del acuerdo mutuo le ofrece dos alternativas: abandonar la idea o tratar de descubrir otras maneras de llevarla a cabo, contando con el acuerdo entusiasta del cónyuge. Y es aquí que empieza la negociación.

Con la práctica, usted y su cónyuge pueden llegar a ser expertos en conseguir lo que necesitan del otro. Una vez que se ponen de acuerdo en cuanto a implementar esta estrategia, el negociar de manera justa y eficaz llegará a ser un hábito. Al mismo tiempo, se verán obligados a abandonar las estrategias que posiblemente hayan estado usando que los han llevado a discutir y a perder su amor uno por otro.

Al principio, les parecerá muy extraño, y tal vez hasta cómico, hacer la pregunta: "¿Qué opinas acerca de...?" Esto es de esperarse, ya que por lo general, cualquier conducta nueva parece torpe al principio. Sin embargo, esa pregunta es el meollo de toda negociación justa en la vida, y usted debe obligarse a hacerla hasta que se vuelva un hábito. Ya en ese momento, le parecerá algo natural.

Pero aun después que han acordado guiarse por la estrategia del acuerdo mutuo, es posible que no entiendan lo que ocurre entre el momento en que se hace la pregunta y el momento en que la otra parte da su consentimiento entusiasta. Posiblemente no hayan tenido mucha experiencia negociando uno con el otro de manera eficaz.

Por esta razón, sugiero que aprendan a seguir paso a paso un procedimiento que usan casi todos los negociadores exitosos. Primero les explicaré las pasos básicos a seguir y les daré una oportunidad de usarlos para resolver conflictos sencillos que no tienen una gran carga emotiva (como por ejemplo, ir al supermercado). Luego, cuando hayan aprendido a seguir los pasos básicos, aplicaremos este método a los conflictos importantes que enfrentan.

Cuatro pasos para lograr la negociación exitosa

Paso # 1: Establezcan reglas de base para que la negociación sea amable y segura.

La mayoría de las parejas consideran que el hablar de un conflicto es como caminar a través de un campo de minas. Esto se debe al hecho de que sus esfuerzos generalmente no dan resultado, y ambos terminan heridos y magullados. Nadie desea negociar si lo único que conseguirá es desilusión y sufrimiento. Para evitar esto, establezca unas reglas de base antes de empezar a negociar para asegurar que ambas partes disfruten de la conversación. Ya que se debe negociar cada vez que surge un conflicto, el negociar siempre debe ser una experiencia agradable y segura para ambos.

Para ayudarles a lograr esta meta, sugiero tres reglas de base fundamentales.

REGLA DE BASE # 1: TRATEN DE SER AMABLES Y JOVIALES DURANTE TODA LA CONVERSACIÓN.

Un conflicto puede crear una reacción emocional negativa tan rápidamente que tal vez le parezca que no puede controlarla. Pero con la práctica, usted puede hacer lo que aprenden a hacer la mayoría de los negociadores: ser jovial al enfrentarse con la adversidad.

Entiendo que a usted le parecerá que la situación del vendedor de refrigeradores es completamente diferente a la suya. Él se puede distanciar emocionalmente de una venta mucho más fácilmente de lo que usted puede distanciarse de un conflicto matrimonial. Pero créame: la negociación eficaz, ya sea en los negocios o el matrimonio, requiere una sonrisa.

REGLA DE BASE #2: LO MÁS IMPORTANTE ES QUE AMBOS SE SIENTAN SEGUROS. NO HAGAN EXIGENCIAS, NO MUESTREN UNA FALTA DE RESPETO Y NO SE ENOJEN AL NEGOCIAR.

Una vez que hayan soltado la lengua y se hayan comunicado lo que quisieran hacer, lo que quisieran que hiciera la otra persona, o lo que le está molestando, han entrado en una de las etapas más peligrosas de la negociación. Si su cónyuge ha herido sus sentimientos, usted se verá tentado a tomar represalias. Y a menos que haga un esfuerzo especial para resistirse a hacer exigencias, mostrar una falta de respeto o enojarse, recurrirá a la estrategia de dictadores que se baten en duelo, y su negociación se volverá una discusión. Pero si ambos pueden proteger al otro de sus instintos abusivos, su inteligencia los ayudarán a encontrar la solución que ambos necesitan.

REGLA DE BASE # 3: SI LLEGAN A UN PUNTO MUERTO DONDE PARECEN NO PODER AVANZAR, O SI UNA DE LAS PARTES EMPIEZA A HACER EXIGENCIAS, MOSTRAR UNA FALTA DE RESPETO O ENOJARSE, DEJEN DE NEGOCIAR Y HABLEN DEL ASUNTO EN OTRO MOMENTO.

El hecho de no poder resolver un problema en un momento dado no significa que no podrán encontrar una solución inteligente en el futuro. No permitan que un punto muerto les impida darse la oportunidad de reflexionar acerca del asunto. Permítanse un período de incubación y se asombrará de lo que podrán lograr.

Si su negociación se echa a perder y una de las partes sucumbe a la tentación de tratar de ser un dictador (exigencias, irrespeto o enojo), termine la conversación. Cambie el tema y hable de algo más agradable. Después de una breve pausa, puede ser que el cónyuge incumplidor tal vez pida perdón y desee volver a hablar del tema que lo alteró. Pero no vuelvan a entrar al campo hasta que se hayan sacado las minas.

Paso # 2: Identifiquen el conflicto desde ambas perspectivas.

Una vez que hayan establecido reglas de base que garantizan una conversación segura y agradable, estarán listos para negociar. ¿Pero dónde empezar? Primeramente, deben exponer cuál es el conflicto y luego tratar de entenderlo desde la perspectiva de ambas partes.

La mayoría de las parejas entran en las negociaciones matrimoniales sin haberse preparado debidamente. No entienden bien el conflicto, y tampoco entienden la perspectiva de su cónyuge. En muchos casos, ni siquiera están seguros de lo que verdaderamente desean.

Entonces, por lo menos mientras están aprendiendo a resolver sus conflictos de la manera correcta, recomiendo que cada uno use un cuaderno (o teléfono inteligente) para registrar toda la información referente al conflicto en cuestión. En la primera página, escriba cuál es el conflicto. ¿Qué desea hacer usted, o qué desea que haga para usted su cónyuge? Luego, en las próximas páginas, describa la perspectiva de su cónyuge. Si lo desea, puede dibujar una cara feliz en la parte superior de cada página para recordarle ser jovial. En el margen, escriba una nota para recordarse no hacer exigencias, mostrar una falta de respeto o enojarse. En el Apéndice A encontrará la Hoja de Negociación Matrimonial, que es un ejemplo de cómo disponer su cuaderno. Usen esta como una guía para ayudarles a encontrar una solución a cada conflicto que enfrentan donde cada uno se beneficia.

El respeto es una clave para tener éxito en la negociación, y es de particular importancia en esta etapa en que se está reuniendo información. Después de identificar cuál es el problema y de escuchar el punto de vista de su cónyuge, ambos deben tratar de entenderse en vez de tratar de enderezar al otro. Recuerde que su meta es tener un acuerdo entusiasta, y eso no puede darse si cada uno rechaza completamente el punto de vista del otro. A la larga, es posible que cada uno cambie de manera respetuosa el punto de vista de su cónyuge, pero sólo deben intentar hacerlo después que lo entiendan plenamente. La única manera de llegar a un acuerdo entusiasta es encontrar una solución que tenga en cuenta las perspectivas de ambos.

Este último punto es tan importante que lo diré de otra manera: *usted no resolverá su problema si no respeta el punto de vista de su cónyuge. La solución debe tener en cuenta ambos puntos de vista.* En esta etapa de la negociación, simplemente deben reunir información que los ayudará a entender qué tomará para que su cónyuge esté contento. Si los cónyuges rechazan la información que provee el otro, estará haciendo caso omiso de los hechos. No deben interrumpirse o hablar al mismo tiempo. Tampoco deben usar ciertos gestos (como poner los ojos en blanco) que pudieran interpretarse como despectivos.

Es mucho más fácil negociar de la manera correcta cuando su meta es llegar a un acuerdo entusiasta. Ayuda a eliminar todas las estrategias que intentan rebajar al cónyuge con insultos. Pero algunas parejas sienten que no tienen la habilidad de hablar acerca de un problema sin ser exigentes, irrespetuosos o iracundos. Están tan acostumbrados a ser dictadores que el ser respetuosos les parece algo artificial y falso. Sienten como si estuvieran comunicándose a un nivel superficial cuando en realidad están aprendiendo a comunicarse a un nivel mucho más profundo.

¿Es así que se sienten usted y su cónyuge? En este caso, recuerde que con la práctica, empezarán a sentirse más cómodos enfrentando cada conflicto con respeto y con la meta de llegar a un acuerdo mutuo. Aprenderán a hacerse preguntas uno al otro, no para incomodarse o comprobar que el cónyuge está equivocado, sino para entender mejor lo que habría que hacer para que ambos se sientan felices. Cuando piensan tener la información que necesitan para considerar una solución donde ambos se benefician, estarán listos para tomar el próximo paso.

Paso # 3: Lleven a cabo una sesión de tormenta de ideas.

Ya han establecido las reglas de base. Han identificado el problema y han descubierto la perspectiva del otro. Ahora están listos para la parte creativa: buscar soluciones que son aceptables para ambos. Sé que esto pudiera parecer imposible si usted y su cónyuge han llegado a sentir que son incompatibles. Pero la lucha por regresar a la compatibilidad tiene que empezar en algún lugar, y si se esfuerzan, encontrarán opciones que complacen a ambos.

Serán tentados a sacrificarse, es decir, ceder ante los deseos de su cónyuge. Pero como mencioné anteriormente, a la larga este enfoque les causará problemas. El sacrificarse no es una solución donde ambos se benefician. Su meta debe ser la satisfacción mutua, donde ninguno de los dos se beneficia a expensas del otro.

No llegarán muy lejos si se permiten pensar: *Si ella realmente me ama, dejará que haga esto*, o *Él hará esto por mí si me ama*. El amor extraordinario en el matrimonio es el amor mutuo. Eso quiere decir que ambos cónyuges desean que el otro esté feliz, y ninguno de los dos quiere que el otro esté infeliz. Si usted ama a su cónyuge, no debe nunca esperar o hasta aceptar el sacrificio como la solución a un problema.

Una forma sutil del sacrificio es la solución que dice: "Yo te dejaré hacer lo que quieras esta vez si tú me dejas hacer lo que quiero la próxima vez." Por ejemplo, si usted desea salir con sus amigos después del trabajo, tal vez le sugiera a su cónyuge que usted se quedará con los niños otra noche para que su cónyuge pueda salir con sus amigos. Pero esta no es una solución que beneficia a ambos si uno de ustedes termina estando insatisfecho cada vez que el otro está satisfecho. Y una vez que hayan hecho este acuerdo, se puede volver muy fácilmente un hábito que los separa.

Las soluciones donde uno gana y el otro pierde son comunes en el matrimonio porque la mayoría de las parejas no entienden cómo llegar a soluciones donde ambos ganan. Su concepto de lo justo es que ambos cónyuges deben sufrir igualmente. Pero, ¿no es mejor encontrar soluciones donde no sufre ninguno de los cónyuges? Con un poco de creatividad, encontrarán soluciones que hacen felices a ambos a la vez.

Habiendo entendido que no es permitido sacrificarse o sufrir, están listos para iniciar una sesión de tormenta de ideas. En este tipo de intercambio de ideas, muchas veces la cantidad es más importante que la calidad. Teniendo esto en cuenta, ambos cónyuges deben tener la libertad de mencionar cualquier idea que les venga a la mente. Dejen volar su imaginación. Cuando dan rienda suelta a su creatividad, hay más probabilidad de que encuentren una solución duradera.

Ambos cónyuges deben mantener su cuaderno a la mano durante todo el día para que puedan anotar posibles soluciones que se les ocurran. Pueden modificar las ideas que han anotado conforme piensan de maneras en que se pueden mejorar. Traten de pensar creativamente. Hagan una lista larga de maneras en que usted y su cónyuge pudieran resolver el conflicto con entusiasmo mutuo.

Paso # 4: Escojan la solución que satisface las condiciones de la estrategia del mutuo acuerdo: un acuerdo mutuo y entusiasta.

Después de la sesión de tormenta de ideas, tendrán una lista de soluciones donde algunas son buenas y otras malas. Las soluciones buenas son las que usted y su cónyuge consideran ser deseables. Por otra parte, las soluciones malas son aquellas que toman en cuenta los sentimientos de uno de los cónyuges a expensas del otro. La mejor solución es la que más les entusiasma a usted y a su cónyuge.

Muchos problemas son relativamente fáciles de resolver si ambos saben que deben tomar en cuenta los sentimientos del otro. La razón de esto es que ambos llegan a estar conscientes de lo que tomará para llegar a un acuerdo mutuo. En vez de considerar opciones que obviamente no toman en cuenta los intereses del cónyuge, ambos piensan en opciones que saben que harían feliz a ambos.

Consideremos el problema que mencionamos anteriormente. A usted le gustaría salir con sus amigos después del trabajo y dejar a su cónyuge con los niños. Antes de guiarse por la estrategia del acuerdo mutuo, tal vez usted simplemente llamaba a su cónyuge para decirle que iba a llegar tarde, o lo que es peor, llegaba a casa tarde sin avisar a su cónyuge. Pero ahora se da cuenta que si quiere que su cónyuge esté enamorado de usted, ambos deben llegar a un acuerdo entusiasta antes de hacer cualquier cosa. Por supuesto que esto restringe su libertad de escoger, pero por otra parte, protege a su cónyuge de su conducta desconsiderada, y preserva su amor uno por el otro.

Después de haber presentado su caso, probablemente oiría inmediatamente las objeciones de su cónyuge. Posiblemente a él o a ella no le gusta la idea de que usted está divirtiéndose mientras él o ella batalla con los niños en casa. O posiblemente a su cónyuge le parezca que deberían pasar su tiempo libre juntos. En este momento, usted puede sugerir que su cónyuge deje a los niños con los padres de usted (a quienes usted llamará de antemano), para que salga con usted.

Si a su cónyuge le parece una excelente idea, su conflicto está resuelto. Sus padres cuidarán de los niños por unas cuantas horas, y su cónyuge se encontrará con usted en el sitio donde usted tenía pensado salir con sus amigos. De hecho, si el salir después del trabajo con sus amigos llegara a ser algo que hacen frecuentemente, podrían planificar de antemano tener a alguien para cuidar a los niños.

Preparándose para negociar

El leer estos cuatro pasos es fácil. Lo que será un reto para usted será ponerlos en práctica. Como he dicho anteriormente, la estrategia de la democracia no es fácil. Sin embargo, es la única que verdaderamente resuelve los conflictos y preserva el amor entre ustedes.

Para ayudarles a empezar a poner en práctica estos pasos, les sugiero el siguiente ejercicio. No tendrán que usar su cuaderno ya que cada conflicto será bastante sencillo. El propósito de este ejercicio es ayudarles a empezar a pensar en el otro cuando no logran ponerse de acuerdo.

Vayan juntos a una tienda de comestibles, sin sus hijos, y pasen unos quince a treinta minutos buscando y poniendo en su carrito artículos que a ambos les encantaría comprar. El propósito de este ejercicio es orientarlos a tomar decisiones que benefician a ambos;

no necesariamente tienen que comprar los artículos cuando terminen. Recomiendo el salir a comprar comestibles como un ejercicio de práctica porque habrá tantas opciones que seguramente encontrarán algunas que les gustarán a ambos.

Asegúrense de que cada artículo que colocan en su carrito lo han escogido después de haber llegado a un acuerdo entusiasta. El hecho en sí de preguntarse qué opinan acerca de cierto artículo y de posponer el tomar una decisión hasta ponerse de acuerdo es un hábito que es sumamente importante aprender si desean crear un estilo de vida que es agradable para ambos.

Está perfectamente bien tratar de persuadirse al pedirle al otro que acepte un artículo por un período de prueba. "Pruébalo. Te gustará" es una estrategia de negociación válida si uno de ustedes no está seguro si le gusta o no cierto artículo. Si su cónyuge está dispuesto a probar el artículo, está bien comprarlo y que él o ella lo pruebe en la casa. Si le gusta el artículo, lo pueden poner en su carrito la próxima vez que llevan a cabo este ejercicio de práctica. Si no le llega a gustar, no lo compren. Usted también puede probar algo que a su cónyuge le gusta. Pero si al probarlo, no le gusta, no deben seguir comprándolo.

Cuando les parezca que ya han aprendido a llegar a un acuerdo entusiasta en cuanto a la compra de comestibles, aborden los conflictos más serios que no han podido resolver. Esta vez usen los cuadernos que les recomendé. Lo más probable es que se asombrarán al ver qué tan rápidamente se acostumbran a poner en práctica la estrategia del acuerdo mutuo.

La práctica hace al maestro

Si siguen los cuatro pasos que he sugerido, la negociación puede ser una manera agradable de aprender más acerca de su pareja. Y cuando llegan a una solución que satisface a ambos, estarán haciendo depósitos grandes en el banco del amor del cónyuge. Al final, la estrategia del acuerdo mutuo no sólo los ayuda a llegar a ser excelentes negociadores, sino que también protege el amor que sienten uno por otro.

Si usted y su cónyuge han estado llevándose más como dictadores que enamorados, podría parecer abrumador llegar a ser negociadores exitosos. Tal vez parezca imposible recordar los cuatro pasos mencionados anteriormente.

Pero gracias a Dios que una vez que hayan formado el hábito de negociar uno con el otro, será fácil poner en práctica los pasos mencionados cada vez que surge un problema que hay que resolver. Es como aprender a escribir a máquina. Al principio parece imposible, pero con la práctica, a la larga llega a ser algo casi instintivo.

Lo que observo en mi propio matrimonio es que Joyce y yo tenemos un conflicto aproximadamente cada hora que estamos juntos. Pero resolvemos casi todos los conflictos rápidamente y con un acuerdo entusiasta. Cuando dos personas que son bien diferentes comparten su vida, es de esperarse que haya conflictos. Por lo tanto, el saber cómo resolver estos conflictos de manera segura y agradable es esencial si se quiere tener un matrimonio feliz.

Cuando aprendan a encontrar soluciones que benefician a ambos cónyuges, habrán aprendido lo que hemos aprendido Joyce y yo: ambos cónyuges necesitan la perspectiva y las opiniones del otro para poder vivir una vida feliz.

****

En la segunda parte de este libro, trataré con cinco de los conflictos más comunes en el matrimonio. A medida que lea los ejemplos acerca de cómo resolver estos conflictos, tendrá la oportunidad de practicar el arte de la negociación en su matrimonio. Y mientras más practica, más rápida y fácilmente podrá resolver sus conflictos.

Pero antes de empezar a aprender a resolver los cinco conflictos más comunes en el matrimonio, les presentaré algunas excepciones importantes en cuanto a seguir la estratega del acuerdo mutuo. Aunque su meta debe ser encontrar soluciones para los conflictos matrimoniales donde ambos se benefician, hay algunas situaciones en las que adoptar la postura por defecto de no hacer nada hasta que hayan llegado a un acuerdo puede ser dañino o hasta peligroso. En estas situaciones, es importante aprender a protegerse.

7
Excepciones a la regla
Nunca haga nada sin tener un acuerdo entusiasta entre usted y su cónyuge

La estrategia del acuerdo mutuo es simplemente una regla para ayudar a las parejas a recordar que prácticamente todo lo que hacen afecta al otro. Y sus decisiones más sabias son las que toman en cuenta los sentimientos y los intereses del cónyuge. En otras palabras, las soluciones a los problemas matrimoniales en que ambos ganan son muy superiores a las soluciones en que uno gana y el otro pierde. La estrategia del acuerdo mutuo sirve para recordarles esto a las parejas.

Cuando se llega a un acuerdo mutuo entusiasta, todos estarían de acuerdo en que la pareja ha descubierto una solución ideal. Pero cualquier persona que haya pasado por un conflicto matrimonial sabe muy bien que muchas veces los acuerdos entusiastas son difíciles de encontrar. Y la postura por defecto de no hacer nada hasta llegar a este tipo de acuerdo a veces puede tener consecuencias muy desagradables, si no desastrosas.

Teniendo en cuenta estas consecuencias peligrosas, recomiendo una excepción sensata: la estrategia del acuerdo mutuo no debe seguirse si el no hacer nada pone en riesgo la salud o la seguridad de uno de los cónyuges. Cuando uno de los cónyuges está sufriendo abuso físico o emocional, infidelidad o abandono, no tiene ningún sentido seguir esta regla. En estos casos, el protegerse es más importante que el ser considerado.

Si uno de los cónyuges es víctima del abuso físico, él o ella deben denunciar el abuso ante las autoridades y separarse del otro para su propia protección, aun si el cónyuge abusador no está de acuerdo con esta acción. Es igual en casos de infidelidad o adicción a las drogas. Generalmente el cónyuge infiel o adicto se opondrá cuando el otro cónyuge trata de implementar maneras eficaces para tratar con estos problemas y protegerse.

Pero además de las cuestiones de salud y seguridad, hay otra situación en el matrimonio donde una suspensión temporaria de la estrategia del acuerdo mutuo puede tener sentido: los momentos en que los cónyuges están tratando de encontrar la manera de satisfacer las necesidades emocionales más básicas uno del otro.

¿Qué debe usted hacer cuando su cónyuge tiene una necesidad emocional la cual a usted no le entusiasma satisfacer? ¿Será que la estrategia del acuerdo mutuo lo exime del deber de satisfacer esta necesidad? ¿O está usted en la obligación de satisfacer las necesidades emocionales importantes uno del otro aun si el hacerlo no lo entusiasma?

Podremos responder a estas preguntas cuando entendamos el propósito de la estrategia del acuerdo mutuo. Es un principio cuyo propósito es ayudarles a resolver conflictos con amor y consideración mutuos. La postura por defecto de no hacer nada no está diseñada para ser una solución permanente a cualquier problema matrimonial. Más bien, es lo que hacen los cónyuges mientras están tratando de encontrar una solución.

Los cónyuges deben satisfacer las necesidades emocionales más importantes uno del otro. El no satisfacerlas no debe ser una opción en el matrimonio. Pero también quiero hacer hincapié en la importancia de satisfacer las necesidades emocionales uno del otro por medio de un acuerdo mutuo entusiasta. Entonces, ¿qué debe hacer un cónyuge cuando no le gusta satisfacer cierta necesidad emocional de su pareja? Podría hacer algo que no le gusta mucho a título de prueba hasta encontrar una manera de satisfacer dicha necesidad de una manera más grata. Pero el tiempo de prueba no debe durar mucho tiempo. Debe dar fruto inmediatamente, o los cónyuges deben volver a tener una sesión de tormenta de ideas con el fin de encontrar otros métodos.

Una vez tuve un trabajo metiendo cartas en su sobre. Era una tarea tan trivial y repetitiva que al principio no veía la hora de terminar. Pero cuando el proyecto se terminó después de unas tres semanas, me hizo falta el trabajo. Había aprendido a modificar mi técnica de meter cartas en un sobre hasta hacerlo de manera rápida y fácil. Y además, me había hecho amigo de mis compañeros de trabajo mientras trabajábamos juntos. De hecho, pude llegar a disfrutar de la mayoría de trabajos que tuve mientras asistía a la universidad.

Lo mismo puede ser cierto en cuanto a satisfacer las necesidades emocionales. Tomemos como ejemplo el sexo y la conversación. La mayoría de los hombres ansían tener relaciones sexuales, y la mayoría de las mujeres ansían recibir afecto y conversar. Los hombres no entienden por qué su esposa pasaría por alto una oportunidad de tener relaciones sexuales. *¿Qué tan difícil es hacer el amor?* Y las esposas se preguntan por qué su esposo se resiste a ser afectuoso y conversar. *¿Será tan cansón darme un abrazo y conversar conmigo por un rato?*

Por supuesto que el problema es que los hombres y las mujeres son diferentes. No es que las mujeres nunca disfruten del sexo ni que los hombres nunca disfruten del afecto y de la conversación. Es simplemente que en general, no es lo que desean ante todo.

Entonces si la esposa no tiene un deseo entusiasta

de tener relaciones sexuales con su esposo, quien ansía tenerlas, ¿debe ella incumplir la estrategia del acuerdo mutuo para satisfacer la necesidad de su esposo? ¿Y qué de una esposa que necesita recibir el afecto de su esposo y conversar con él? ¿Debería él tratar de satisfacer la necesidad de ella aun cuando no tiene ganas de hacerlo? ¿Será que el cónyuge que quiere que el otro satisfaga sus necesidades emocionales a toda costa es egoísta e indiferente?

El problema que acarrea el incumplir la estrategia del acuerdo mutuo en lo que concierne satisfacer las necesidades emocionales va más allá del tema del egoísmo, es decir, que un cónyuge se beneficie a expensas del otro. También cohíbe la habilidad del cónyuge renuente de satisfacer esa necesidad emocional en el futuro. Mientras menos uno disfruta de algo, menos querrá volver a hacerlo. Si el esposo o la esposa quieren que su cónyuge satisfaga sus necesidades emocionales a menudo, el cónyuge debe hacerlo con entusiasmo. Deben aprender a hacer como hice yo cuando aprendí a disfrutar de meter cartas en su sobre.

Cómo disfrutar de satisfacer una necesidad emocional que uno no tiene

Hay dos fuerzas motivadoras en la vida. La más fuerte es el disfrutar de hacer algo, y después de esta, la más fuerte es disfrutar de sus consecuencias.

Ya sea que la actividad deseada es el sexo, el afecto o la conversación, si uno de los cónyuges no tiene una necesidad fuerte de esta, le incumbe al otro cónyuge asegurarse de que la actividad sea placentera y que sus consecuencias sean placenteras. De lo contrario, el cónyuge que no tiene esta necesidad dará mil excusas para evitar la actividad.

Supongamos que su cónyuge quiere tener relaciones

sexuales y usted está demasiado cansado(a) para siquiera pensar en ello. ¿Debe usted satisfacer la necesidad de su cónyuge aun si va en contra de la estrategia del acuerdo mutuo? ¿O debe esperar hasta un momento en que usted sienta un deseo entusiasta por la actividad que ansía su cónyuge?

Como mencioné en el último capítulo, usted puede tener entusiasmo por intentar algo nuevo para ver si pudiera ser una solución agradable al problema. Este enfoque a la resolución de problemas dice: "Pruébalo y verás que te gustará." Pero, ¿pudiera el tener relaciones sexuales cuando uno está prácticamente dormido ser parte de este plan temporario? Lo dudo. Lo más probable es que sería simplemente una manera de lograr que su cónyuge lo dejara tranquilo o dejara de hacerlo sentir culpable.

Si usted ayudara a su cónyuge a entender lo que usted más disfruta de las relaciones sexuales, y las condiciones que son más favorables para usted, pudieran acordar hacer el amor de esa manera por un tiempo. Usted también pudiera sugerir que después de hacer el amor, su cónyuge satisfaga las necesidades emocionales de usted, tales como la conversación y el afecto, como una consecuencia agradable para usted.

Al principio, es posible que este plan no se lleve a cabo al pie de la letra. Es posible que al principio su cónyuge no entienda a plenitud cómo hacer para que la actividad sea agradable para usted. Y posiblemente el afecto y la conversación después de las relaciones sexuales tengan que mejorarse. Por lo tanto, tal vez usted no disfrute tanto del proceso. Pero si a la larga su cónyuge fuera a satisfacer todas sus condiciones, usted sentiría tanto entusiasmo por las relaciones sexuales como su cónyuge.

La meta debería ser que a la larga, ambos satisfagan las necesidades emocionales importantes del otro por medio de un acuerdo mutuo entusiasta. Pero el camino que lleva a este resultado final pudiera requerir que por un tiempo usted no esté muy feliz mientras que tratan de descubrir la mejor manera de satisfacer las necesidades uno del otro.

Es difícil para los cónyuges satisfacer las necesidades emocionales de su pareja si no están motivados a hacerlo. No disfrutan de satisfacer estas necesidades y tampoco disfrutan de las consecuencias de satisfacerlas.

Este razonamiento les parece ofensivo a muchos cónyuges. *¿Por qué debo yo recompensar a mi cónyuge por hacer el amor conmigo? ¿O por tener una conversación conmigo? ¿O por ser afectuoso conmigo? Si mi cónyuge verdaderamente me amara, ¿no querría él o ella satisfacer mis necesidades sin ser recompensado?*

¿Entiende usted que, por mucho que se amen, esta manera de pensar dificultará más el proceso de satisfacer las necesidades emocionales uno del otro? El sacrificio a corto plazo para llegar al disfrute mutuo a largo plazo tiene sentido. Sin embargo, a menos que su plan final es crear una situación de disfrute y recompensa mutuas, su plan no funcionará. El sacrificio temporal llegará a ser sacrificio permanente. Y eso llevará a que ambos sientan una repugnancia por satisfacer las necesidades emocionales de su cónyuge.

¿Cuál es la mejor recompensa por satisfacer las necesidades emocionales uno del otro? Es el satisfacer las necesidades emocionales uno del otro. Si uno de ustedes ansía tener relaciones sexuales y el otro ansía recibir afecto y conversar, combine ambas cosas. Haga que el sexo sea la recompensa por ofrecer afecto y conversación. Haga que el afecto y la conversación sea la recompensa por tener relaciones sexuales.

Otra consideración esencial es la manera en que hacen el amor y expresan su afecto, y los temas de los cuales hablan. Se debe dar preferencia al cónyuge que tiene menos necesidad, porque si la necesidad de uno va a ser satisfecho, esa persona debe hacer que la experiencia sea lo más agradable posible para el que está supliendo la necesidad.

En la mayoría de los casos, es la esposa quien tiene menos necesidad de tener relaciones sexuales, y el esposo quien tiene menos necesidad de afecto y conversación. Entonces, si el esposo quiere más sexo, y la esposa quiere más afecto y conversación, ambos deben comprometerse a satisfacer esas necesidades, lo cual implicará que por un tiempo no cumplirán con la estrategia del acuerdo mutuo. Sin embargo, durante este período de prueba, le incumbe al cónyuge que tiene la necesidad más fuerte aprender a hacer que la experiencia sea agradable para el cónyuge que tiene menos necesidad. Si siguen aplicando este principio, al final estarán satisfaciendo las necesidades emocionales uno del otro por medio de un mutuo acuerdo entusiasta.

Cuando encuentran que no están satisfaciendo las necesidades uno del otro, no dejen pasar una semana más antes de abordar el problema. Deben idear un plan que los llevará a una solución. Cada cónyuge debe recordar que si quiere que sus necesidades emocionales sean satisfechas, su cónyuge tiene que llegar a disfrutar de satisfacerlas o ser galardonado por satisfacerlas. No se enrede pensando que su cónyuge está en la obligación de satisfacer las necesidades de usted sin tener que ser galardonado. Y también recuerde que si el satisfacer las necesidades de usted es desagradable, lo más probable es que destruirá la disposición de su cónyuge a satisfacerlas.

Si sus respuestas en el Cuestionario de necesidades emocionales indican que ustedes necesitan ayuda para aprender a satisfacer las necesidades emocionales más importantes uno del otro, lean *Lo que él necesita, lo que ella necesita.*

Segunda parte
Cómo resolver los conflictos matrimoniales comunes por medio de la negociación

Ahora que han aprendido la meta y las reglas que rigen la negociación matrimonial eficaz, están listos para abordar algunos de los conflictos más comunes que enfrentan los esposos. Si los resuelven de la manera correcta, con soluciones en que ambos se benefician, su estilo de vida será agradable y su amor uno por otro crecerá. Pero si los resuelven de la manera equivocada, con soluciones en que un cónyuge se beneficia y el otro se sacrifica, su estilo de vida será muy decepcionante, y se preguntarán qué fue lo que los atrajo uno al otro.

No puedo enfatizar demasiado el hecho de que la manera en que resuelven estos y otros conflictos matrimoniales determinará si su matrimonio es un éxito o un fracaso. Al abordar cada uno de estos cinco conflictos comunes usando la estrategia de la negociación que les he presentado, no sólo estarán abordando estos problemas de la manera correcta (con respeto y entendimiento mutuos), sino que también es más probable que encuentren las soluciones más sabias.

En los siguientes cinco capítulos, no sólo los animaré a resolver sus conflictos de la manera correcta, sino que también describiré algunas de las diferencias que he observado en las perspectivas de esposos y esposas cuando surgen conflictos. Ustedes o bien respetarán y tendrán en cuenta estas diferencias al encontrar una resolución final que soluciona el problema una vez por todas, o no las respetarán y harán caso omiso de ellas, dejando el problema sin solucionar. La decisión está en sus manos.

8
Conflictos en torno a los amigos y familiares

La estrategia del acuerdo mutuo obliga a la pareja a pensar primero en su cónyuge y darle a él o ella la más alta prioridad en su vida. Cuando surge un conflicto en cuanto a los amigos o familiares, la estrategia del acuerdo mutuo prescribe que los intereses del cónyuge son más importantes que los intereses de cualquier amigo o familiar. Nadie puede interponerse entre un esposo y una esposa que se guían por la estrategia del acuerdo mutuo, y esto ayuda a garantizar el amor que se tienen los cónyuges. Pero a veces, también pareciera difícil de justificar.

Unos años atrás, hablé a un grupo de parejas de la China acerca de lo que hay que hacer para mantener vivo el amor romántico en el matrimonio. Tuve que utilizar los servicios de un intérprete porque la mayoría de mi público no hablaba ni entendía el inglés. Después de mi discurso, aparté un tiempo para responder a preguntas del público, y una de las preguntas fue bien reveladora. La pregunta venía de parte de una señora mayor que se sentía amenazada por la estrategia del acuerdo mutuo. Ella pregunto: "Si mi hijo se guiara por la estrategia del acuerdo mutuo, ¿no estaría poniendo los intereses de su esposa ante aquellos de sus padres? Es nuestra costumbre servir a nuestros padres ante cualquier otra cosa."

La cultura china no es la única cultura que coloca los intereses de los padres por encima de los intereses del cónyuge. Es común hacerlo en muchas partes del mundo. Pero aun en lugares donde este valor no se expresa abiertamente, es muy difícil ignorarlo. Muchas veces las personas asumen una responsabilidad por sus padres que puede superar su responsabilidad por su cónyuge.

Esta misma manera de pensar se puede aplicar a los hermanos y posiblemente a la familia extendida. Si algún familiar tuviera problemas, ¿no deberíamos apoyarlo aunque nuestro cónyuge pusiera objeciones? Piense acerca de los amigos que ha conocido desde la infancia que tal vez lo ayudaron a usted en un momento de gran necesidad. Después de todo, los amigos están para ayudarse y apoyarse, ¿no?

Dado nuestro sentido de responsabilidad hacia nuestra familia y nuestros amigos, además del hecho que disfrutamos de su compañía, en casi todos los casos, surge la siguiente pregunta: *¿Qué hago cuando surge un conflicto con mi cónyuge en torno a mis amigos o familiares?*

Si un familiar o un amigo necesita su ayuda, ¿debe usted ayudarlo aun si no cuenta con el acuerdo entusiasta de su cónyuge? Si su madre no puede cuidar de sí misma y quiere que usted la cuide, posiblemente en la casa de usted, ¿debe usted cuidar de ella aun si su cónyuge considera que es una invasión de su privacidad? Si uno de sus amigos está por mudarse y ese amigo lo ha ayudado a usted a mudarse en el pasado, ¿debe usted ayudar a su amigo con la mudanza aun si su cónyuge preferiría que pasara el fin de semana en casa con la familia? Si usted simplemente desea relajarse y pasar un momento agradable con sus mejores amigos, ¿debe su cónyuge tener el derecho de echarlo todo a perder al poner objeciones? ¿Y qué si casualmente, uno de estos mejores amigos es del sexo opuesto? ¿Debe usted abandonar esa amistad para siempre simplemente porque su cónyuge está celoso?

Estas son preguntas muy difíciles, y en muchos casos surgen en situaciones donde se requiere una respuesta casi inmediata. Cuando surge uno de estos conflictos, generalmente no se dispone de días o semanas para negociar con su cónyuge. Por esta razón, es bueno tomar un tiempo ahora para considerar detenidamente estas cuestiones y resolver los conflictos en torno a los amigos y familiares que pueda tener ahora o en el futuro.

Considere sus opciones

En este libro, hemos hablado de cinco estrategias matrimoniales para resolver los problemas. El primer enfoque es **la estrategia del sacrificio**. Es dejar voluntariamente que su cónyuge se beneficie aunque usted salga perdiendo como consecuencia. Su esposo quiere invitar a cenar a los padres de él. Usted preferiría pasar la tarde haciendo algo con su esposo y sus hijos, como andar en bicicleta, pero como un acto de amor por su cónyuge, consiente en que los padres de él vengan a cenar. Usted está molesta por el hecho de tener que preparar una cena especial con tan poca antelación, pero no expresa sus sentimientos porque eso arruinaría la cena para su esposo. Y la próxima vez que su esposo quiere invitar a sus padres a cenar, usted vuelve a aceptar que vengan.

La estrategia del sacrificio es muy común en los novios y los recién casados. Pero no toma mucho tiempo para que ambos se den cuenta que a la larga, su cónyuge empieza a esperar el sacrificio y no apreciarlo. Las decisiones en cuanto a estilo de vida basadas en el sacrificio resultan ser contraproducentes.

Una segunda opción es **la estrategia de dictador**. Esto implica usar exigencias, falta de respeto y enojo para tratar de obligar al cónyuge a hacer lo que usted quiere, aun cuando no le conviene a su cónyuge hacerlo. Digamos que el esposo le dice a la esposa que los padres de él vienen a cenar en casa (exigencia egoísta). Si la esposa pone objeciones, él dice que ella tiene una actitud poco amorosa (juicio irrespetuoso). Y finalmente, cuando estas estrategias no funcionan, levanta la voz, sale del cuarto enojado y empieza a lanzar objetos hasta que se sale con la suya (arranque de ira). Si la esposa está demasiado cansada para discutir, cede y prepara la cena.

Otra estrategia que es similar a la estrategia de dictador es **la estrategia de dictadores que se baten en duelo**. Cuando ambos esposos luchan por tener el control, usan esta estrategia. En vez de simplemente poner objeciones a que su esposo invite a sus padres a cenar, la esposa hace su propia exigencia: *Diles a tus padres que hemos decidido pasar la tarde en familia dando un paseo en bicicleta.* Al oír esto, los hijos se acercan a la esposa y le suplican que hagan el paseo en bicicleta. Cuando su esposo dice: *No, sus abuelos van a venir a cenar con nosotros*, empieza la discusión. Los hijos toman la partida de la esposa, quien le dice a su esposo en tono acusatorio que sus padres son más importantes para él que sus propios hijos (juicio irrespetuoso). Luego ambos empiezan a gritarse (arranque de ira). Sus hijos corren a cobijarse.

Las estrategias de dictador y de dictadores que se baten en duelo no son la manera correcta de resolver los conflictos matrimoniales, y la mayoría de los esposos que discuten lo saben. Estas estrategias no sólo no les ayudan a resolver sus conflictos, sino que destruyen el amor que se tienen. Entonces cuando los esposos encuentran que estas estrategias sólo sirven para empeorar las cosas, ponen en práctica otra estrategia.

Usan **la estrategia de la anarquía**: *Si no te gusta cenar con mis padres, entonces saldré yo a cenar con ellos.* Y la esposa responde: *¡Perfecto! Los niños y yo haremos nuestro paseo en bicicleta sin ti.* No es un acuerdo mutuo, sino más bien una decisión unilateral que le es impuesta a uno de los cónyuges con ninguna o poca antelación. Esta estrategia hace que los cónyuges se alejen y que a la final, pierdan su vínculo emocional. En vez de ser amantes, compañeros y mejores amigos, llegan a ser dos personas independientes que casi no se ven.

La quinta opción para resolver los problemas matrimoniales, **la estrategia de la democracia**, es la única que en realidad resuelve los conflictos matrimoniales a satisfacción de ambos cónyuges. Los ayuda a encontrar soluciones que fortalecen su vínculo emocional y edifica el amor romántico entre ellos. Cuando uno de los esposos usa esta estrategia, está haciendo de su cónyuge un socio en cuanto a decidir cómo resolver cualquier conflicto que pueda surgir. La estrategia de la democracia consiste en seguir la regla del acuerdo mutuo que establece que no se debe tomar una decisión hasta que ambos lleguen a un acuerdo entusiasta al respecto.

La estrategia de la democracia comienza con el primero de los cuatro pasos para lograr la negociación exitosa mencionados anteriormente. Los cónyuges se garantizan uno al otro una conversación amable y segura al ser jovial y evitar las exigencias, los juicios irrespetuosos y los arranques de ira. Si uno u otro no puede garantizar esto, la conversación se pospone hasta que este cónyuge sí pueda garantizarlo.

El segundo paso es comunicar lo que usted quiere, y averiguar qué opina su cónyuge acerca de satisfacer esta petición. Por ejemplo, usted le dice a su cónyuge que quisiera invitar a sus padres a cenar, antes de hacerles la invitación. Luego le pregunta a su cónyuge qué opina él o ella acerca de esto, dejando que su cónyuge le comunique cualquier objeción que tenga sin contraatacar irrespetuosamente.

Después de haber hecho su petición y haber comprendido las objeciones de su cónyuge, ambos están listos para dar el tercer paso: llevar a cabo una sesión de tormenta de ideas. Su meta es llegar a un acuerdo entusiasta sobre el tema de invitar a cenar a sus padres. ¿Bajo qué circunstancias sentiría su cónyuge entusiasmo por invitarlos? ¿Cuáles son algunas de las maneras que usted pudiera invitar a sus padres a pasar por su casa sin tener que preparar una cena especial y lavar los platos después de un día pesado en el trabajo?

Finalmente, estarán listos para dar el cuarto paso. Ambos cónyuges llegan a un acuerdo entusiasta o bien siguen dando posibles ideas. Si no logran ponerse de acuerdo a tiempo, no invitan a sus padres a la casa. Sin embargo, su decisión final pudiera ser invitar a sus padres a ir a hacer un paseo en bicicleta con su familia en vez de invitarlos a cenar. Si este plan resultara bien para ambas partes, marcaría un precedente para las futuras invitaciones.

La ilustración que he usado aquí en cuanto a invitar a los padres de uno de los cónyuges a cenar es un conflicto relativamente fácil de resolver mediante un acuerdo entusiasta. Por supuesto que estamos suponiendo que sus padres son personas encantadoras. Pero, ¿qué pasa si su cónyuge simplemente no los soporta? Puede ser que sus padres irrespeten o traten cruelmente a su cónyuge. Si él o ella se siente obligado(a) a pasar tiempo con sus padres, usted corre el riesgo de hacer retiros del banco del amor de su cónyuge cada vez que él o ella piensa en ellos.

Pero si los cónyuges siguen la estrategia del acuerdo mutuo desde el principio de su matrimonio, esto no ocurrirá. Ninguno de los cónyuges está obligado a pasar tiempo con personas que los hacen infelices debido al hecho de que la postura de base de la estrategia del acuerdo mutuo es no hacer nada hasta no haber llegado a un acuerdo entusiasta. Usted no puede obligar a sus padres a respetar a su esposa, pero tampoco tiene que pasar tiempo con ellos. Si usted y su cónyuge resuelven este conflicto de la manera correcta, sus padres se darán cuenta que no los verán frecuentemente a usted y a su esposa a menos que cambien su manera de ser.

La estrategia del acuerdo mutuo ayuda a moldear y reestructurar su relación con los amigos y familiares de modo que ambos cónyuges queden satisfechos. A menos que estas personas tratan a ambos cónyuges de manera respetuosa y amable, no deben incluirlas en su vida.

Los hombres y las mujeres interpretan de manera diferente las relaciones con amigos y familiares

No se sorprenda si usted y su cónyuge tienen perspectivas diferentes sobre los amigos y familiares. Cuando surge un conflicto, tal vez se dé cuenta que no siempre están de acuerdo en cuanto a la manera de resolverlo debido a la manera en que cada uno percibe la situación.

¿Recuerda lo que dije anteriormente acerca del cuerpo calloso, la banda de fibras que conecta las neuronas de los dos hemisferios del cerebro? En el cerebro de una mujer, es mucho más grueso, lo cual quiere decir que hay muchas fibras más. El cerebro de las mujeres está mucho más interconectado. Desde un punto de vista funcional, eso quiere decir que las mujeres tienen la capacidad de tomar en cuenta más información cuando toman decisiones. La esposa tal vez quiera pasar más tiempo recreativo con sus hijos y también le preocupa el que cada miembro de la familia haga suficiente ejercicio todos los días. Por lo tanto, un paseo en bicicleta en familia después de la cena le parece ideal. Su esposo, quien tuvo una conversación breve con sus padres ese día, no entendía por qué el que ellos vinieran a cenar sería un problema. Para él, se trataba simplemente de incluirlos en una comida que ya estaba programada.

Joyce y yo nos identificamos plenamente con este ejemplo. Antes de estar casados, mis amigos y yo solíamos reunirnos de manera impulsiva. Yo me aparecía en la casa de ellos, y ellos se aparecían en la mía sin tener una invitación formal. Mi puerta estaba siempre abierta para mis amigos y la de ellos estaba siempre abierta para mí. Por lo tanto, cuando salía con Joyce, me parecía que estaba siendo muy considerado cuando le decía una hora antes que iba a pasar por ella.

Imagínese entonces mi sorpresa después de casarnos cuando Joyce no quería que mis amigos fueran a la casa sin ser invitados. De hecho, ni siquiera quería que los invitara a menos que ella consintiera en que vinieran. Para mí, el que un amigo viniera a la casa era algo divertido. Si queríamos tener privacidad, simplemente no contestábamos la puerta. Pero para Joyce, aun invitar las amigas de ella a la casa implicaba trabajo. Tenía que limpiar la casa, preparar algo de comer, y planificar qué juegos jugaríamos. Para mí, nada de eso importaba.

Las diferencias en el cerebro de ambos eran la raíz de nuestro problema. Ella se imaginaba cómo sería la noche entera, y yo no pensaba mucho en eso.

Muchas veces enfrentamos un conflicto similar al prepararnos para un viaje. Joyce piensa en todos los días que estaremos fuera de manera metódica y planifica exactamente qué ropa se pondrá cada día, con unas cuantas opciones adicionales por si acaso. Por el contrario, a mí me gusta tirar unas cuantas prendas de vestir en mi maleta una hora antes de salir. Joyce planifica para el futuro mientras que yo enfrento las cosas a medida que se presentan.

Usted considerará apropiado el método de Joyce o el método mío en cuanto a invitar amigos a la casa, según su perspectiva y el hecho de ser hombre o mujer. Cada método tiene sus ventajas y desventajas. Para nosotros, resolvimos el conflicto al formar amistades completamente nuevas. Los solteros impulsivos que habían sido mis amigos antes de mi matrimonio fueron reemplazados por parejas cuya compañía ambos disfrutábamos y con las cuales teníamos más en común. Como ocurre con la mayoría de parejas, estos amigos nunca iban a nuestra casa sin ser invitados; esperaban una invitación. Y yo tampoco me aparecía en casa de ellos sin ser invitado. Aprendí a planificar con más cuidado las veladas con nuestros amigos, pero Joyce también relajó un poco las condiciones que sentía que eran necesarias.

Tal vez le parezca que yo cedí en cuanto a la manera en que disfrutaba de pasar tiempo con mis amigos y que Joyce tuvo que soportar una manera más caótica de pasar las veladas. Pero es no fue lo que ocurrió. Ambos disfrutamos de nuestros nuevos amigos y ambos disfrutamos de la manera en que pasamos tiempo con ellos. Nuestros nuevos amigos nos invitaban a su casa mucho más frecuentemente de lo que nos habían invitado mis amigos solteros. Y Joyce y yo trabajamos juntos cuando invitábamos a amigos a venir a visitarnos. Llegamos a ser socios en cuanto a escoger nuestros amigos y las actividades que realizaríamos con ellos. Resultó ser una solución mucho más sabia que cualquier solución que Joyce o yo hubiéramos ideado solos.

Conviene estar preparados

Ya que es necesario hacer inmediatamente muchas de las decisiones en cuanto a cómo tratar con los padres y los amigos, usted y su cónyuge deben hablar de estos temas antes que surjan. Por ejemplo, si los padres de usted o de su cónyuge necesitaran de sus cuidados, ¿qué tipo de cuidados acordarían ustedes proveer? Ninguno de los dos debe sentirse presionado a consentir en algo que verdaderamente no le convendría. Por lo tanto, deben empezar a reflexionar ahora acerca del tipo de cuidados que podrían ofrecer y por cuánto tiempo durarían tales cuidados.

¿Qué haría si un amigo necesitara su ayuda para mudarse? ¿O si un amigo los invitara a ambos a cenar? ¿O si un amigo invitaba a cenar a uno pero no al otro? ¿O si un amigo era un antiguo novio?

Créame, es mejor no incluir en su vida a los antiguos novios. Pero, ¿qué de amigos del sexo opuesto? ¿Qué tan íntimas desea usted que sean estas amistades? Llevo años advirtiendo a las parejas que la mayoría de las aventuras amorosas empiezan con una amistad con alguien del sexo opuesto que empieza inocentemente. ¿Está usted dispuesto a correr el riesgo de tener una aventura amorosa al desarrollar una amistad cercana con alguien del sexo opuesto? En la mayoría de los casos, las amistades peligrosas con alguien del sexo opuesto harán que su cónyuge se sienta incómodo. No contará con el acuerdo entusiasta de su cónyuge cuando trata de reunirse con estos amigos, o tener hasta un contacto casual con ellos mediante redes sociales, correo electrónico o mensajes de texto.

La estrategia del acuerdo mutuo lo obliga a usted y a su cónyuge a negociar de manera justa uno con el otro. También los mantiene enfocados en lo que le conviene más a su cónyuge, aun cuando rechazan las opciones que este propone. Obliga a ambos a ser considerados cuando son tentados a ser egoístas. Si siguen la estrategia del acuerdo mutuo, sus familiares y amigos nunca se interpondrán entre ustedes.

Acostúmbrese a hablar con su cónyuge acerca de todas las invitaciones que recibe antes de responder. Cuando alguien lo invita a salir, dígale: "Te contestaré después que haya hablado con mi cónyuge." Sus familiares y amigos se acostumbrarán al hecho de que ustedes toman sus decisiones juntos.

No permita que los amigos o familiares destruyan su amor uno por el otro. Cuando surgen conflictos que enfrentan los intereses de su cónyuge con los de sus amigos y familiares, su cónyuge siempre debe ser su más alta prioridad. Él (ella) es el amigo y familiar más importante en su vida. Nunca debe permitir que otra persona se interponga entre ustedes. Siga la estrategia del acuerdo mutuo y los cuatro pasos para lograr la negociación exitosa para asegurarse de que esto nunca ocurra.

Repasemos...

1. ¿Cuáles son cinco estrategias para resolver conflictos en cuanto a amigos y familiares? ¿Por qué debe siempre evitar cuatro de ellas y llegar a ser experto en la quinta estrategia?
2. Piense acerca de un conflicto que tienen en cuanto a amigos y familiares. Si usaran la primera estrategia que describí en este capítulo para resolver este conflicto ¿qué harían? Si usaran la segunda estrategia, ¿qué harían? ¿Qué harían si usaran la tercera o la cuarta estrategias? ¿Por qué disminuirían estas cuatro estrategias el amor que sienten uno por otro?
3. Use la quinta estrategia que sugerí para ayudarles a resolver el conflicto que usted mencionó como respuesta a la pregunta #2. Recuerde usar un cuaderno para ayudarle a guiar su conversación. (Refiérase al apéndice A para ver un ejemplo.)

4. Trate de prever algunos de los conflictos que pudieran tener en torno a los familiares y amigos. Si sus padres o los padres de su cónyuge necesitaran sus cuidados, ¿qué tipo de cuidados estarían ustedes de acuerdo en proveer? ¿Dónde pasarán la Navidad? ¿Qué harían si un amigo necesitara ayuda para mudarse? ¿Qué si un amigo los invitara a ambos a cenar? ¿O qué si el amigo invitara a uno, pero no al otro? ¿Y qué si este amigo era un(a) antiguo(a) novio(a)? Piense en otras situaciones con los familiares y amigos que pudieran crear un conflicto en el futuro. ¿Cómo trataría con estas situaciones de modo que llegaran a un acuerdo entusiasta?

9
Conflictos en torno a las obligaciones de trabajo y el manejo del tiempo

Todo lo que usted hace durante el día provoca depósitos o retiros en el banco del amor de su cónyuge. Esa es la razón por la cual es tan importante decirle lo que va a hacer antes de hacerlo. Deben tomar esas decisiones mediante un acuerdo entusiasta si quieren maximizar los depósitos y minimizar los retiros en el banco del amor uno del otro.

Pero, ¿cómo puede llegar a un acuerdo entusiasta en cuanto a su horario diario si acaba de alistarse en las fuerzas armadas y se le ha asignado un período de servicio de un año? ¿O cuando está de guardia en un hospital para servicios de emergencia? ¿O cuando trabaja para una aerolínea que le asigna un horario de vuelo? Los requisitos de una carrera generalmente prevalecerán sobre la estrategia del acuerdo mutuo en lo que concierne su horario.

El conflicto matrimonial en torno a una carrera generalmente tiene más que ver con la manera en que la carrera domina el horario que con sus otros aspectos. Algunas carreras son tan flexibles con sus horarios que es fácil tomar en cuenta lo que más conviene al matrimonio. Pero se sabe que otras carreras son dañinas para el matrimonio debido a las limitaciones de tiempo que imponen, sobre todo cuando separan a la pareja e impiden que tengan el tiempo suficiente como para satisfacer las necesidades emocionales uno del otro.

Si su cónyuge está insatisfecho con el horario que le impone a usted su carrera, usted estará haciendo retiros de su banco del amor cada vez que va al trabajo. Usted tal vez piense que no tiene ninguna alternativa en lo que concierne ganarse la vida. Su cónyuge debe simplemente aprender a adaptarse a las exigencias de la carrera de usted. Pero después de quejarse por un tiempo, lo más probable es que su cónyuge se adapte al aislarse de usted emocionalmente para que las exigencias de su carrera no le hagan tanto daño. En otras palabras, su cónyuge simplemente dejará de estar enamorado de usted.

Créame, mis años de experiencia me han llevado a observar que *es mucho más fácil cambiar una conducta que cambiar una reacción emocional ante una conducta.* Si usted le dice a su cónyuge que debe cambiar su reacción ante alguna conducta de usted, está cometiendo un gran error, ya que es poco probable que esto ocurra. Por otra parte, si usted cambia su conducta con el fin de provocar en su cónyuge una reacción positiva en vez de una negativa, esa reacción persistirá mientras usted siga realizando esta nueva conducta.

Si su horario de trabajo o los requisitos de su carrera hacen infeliz a su cónyuge, entonces cámbielos. Y si es necesario, inicie una nueva carrera que dé la flexibilidad necesaria para mantener un matrimonio sano y feliz.

Cuando les presento a las parejas esta idea de cambiar de carrera, muchos piensan que estoy siendo poco realista. Sin embargo, al considerar la trayectoria profesional de la mayoría de personas, generalmente cambian de carrera varias veces en su vida. Pase lo que pase, es probable que usted cambie de carrera por lo menos una vez durante su vida. ¿Está usted dispuesto a cambiar su trayectoria profesional por consideración a su cónyuge, o permitirá que los factores aleatorios de la vida haga estos cambios por usted?

Su carrera debe apoyar a su cónyuge y a su familia, no viceversa. El propósito principal de su carrera es proveer un estilo de vida agradable. Pero, ¿qué si la carrera en sí los lleva a usted o a su cónyuge a dejar de amarse? En este caso, la carrera iría en contra de su mismo propósito: en vez de crear un estilo de vida cómodo, estaría creando un estilo de vida bien incómodo, por lo menos para su cónyuge.

Algunas personas han tratado de argumentar que el escoger una carrera es una decisión personal. Dicen que ya que es algo que estarán haciendo durante la mayoría de sus horas de actividad, el factor que debe tomarse en cuenta ante todo es si la carrera les gusta o no. Las personas que usan este argumento generalmente temen que su cónyuge las obligue a realizar una carrera que no les gusta.

Pero la estrategia del acuerdo mutuo toma en cuenta este problema. Para tomar una decisión final, se requiere que ambos cónyuges se muestren entusiastas. Si usted fuera a iniciar una nueva carrera, tendría que ser una que le gusta, porque esa es una de las condiciones incluidas en la estrategia del acuerdo mutuo.

Si ustedes siguen los requisitos de la estrategia del acuerdo mutuo, cuando hayan finalizado sus negociaciones, usted tendrá una carrera que es igual de satisfactoria que la que tiene ahora, o aun más satisfactoria. Y a su cónyuge también le encantará.

¿Será que su horario está destruyendo el amor entre ustedes?

¿Será que su horario de trabajo es asunto de su cónyuge? ¿Se resiente usted cuando su cónyuge trata de hacerlo cambiar una cita o un viaje de negocios con el cual no está de acuerdo?

Si a usted le parece que su horario no es asunto de su cónyuge, el amor entre ustedes está prácticamente condenado a fracasar, ya que el horario juega un papel tan importante en la relación entre la pareja. Cuando usted toma decisiones en cuanto a su horario sin tomar en cuenta las objeciones de su cónyuge, está demostrando que su trabajo es más importante para usted que su cónyuge.

He oído muchos argumentos acerca de lo poco razonables que son las objeciones del cónyuge. "Si fuera a hacer lo que quisiera mi esposa, perderíamos todo. Ella no entiende el compromiso que hay que hacer para mantener a la familia." Sí, es verdad que hay que tener compromiso... pero, ¿compromiso con mantener a la familia o compromiso para mantener una trabajo?

¿Su horario de trabajo ha llegado a ser una prioridad más alta que su amor por su cónyuge? Hay una manera fácil de determinar la respuesta a esta pregunta. Pregúntele a su cónyuge lo que opina acerca del horario de usted. Si su cónyuge está insatisfecho con algo que usted ha planificado, ¿está usted dispuesto a cambiar aquel plan para complacer a su cónyuge? Si su respuesta es un "no", su horario le es más importante que su amor por su cónyuge. En este caso, la finalidad de su trabajo no es tener un matrimonio feliz, porque la manera en que está trabajando no logra este objetivo. Su satisfacción laboral viene a expensas de su cónyuge.

Cómo crear un horario que satisfaga a ambos

Si usted desea tener un horario que lo ayude a hacer depósitos en vez de retiros en el banco del amor de su cónyuge, ambos deben negociar. Sugiero que se reúnan cada domingo por la tarde para conversar acerca del horario de ambos para la semana. Ninguno debe pasar tiempo haciendo una actividad a menos que hayan llegado a un acuerdo entusiasta al respecto. Todos los planes para la semana deben ser aprobados por ambos antes de que se implementen. Deben pasar literalmente cada hora haciendo lo que han acordado hacer. Si durante la semana uno de los dos desea hacer un cambio en su horario, ambos deben llegar a un acuerdo entusiasta al respecto antes de que se implemente.

La primera vez que intenten hacer esto, no será fácil. Usted posiblemente esté tan acostumbrado a hacer su propio horario independientemente de las sugerencias de su cónyuge que al principio le será muy difícil negociar con él/ella. Por lo tanto, le sugiero que aparten unas horas o hasta un fin de semana para su primera sesión de negociación.

Una de mis reglas fundamentales para las parejas es programar un mínimo de quince horas cada semana para satisfacer las necesidades emocionales íntimas del cónyuge. Durante ese tiempo, deben ser afectuosos, conversar, disfrutar juntos de actividades recreacionales y hacer el amor (véase *Lo que él necesita, lo que ella necesita).* Por lo tanto, ambos deben asegurarse de incluir en su horario un tiempo para dedicar única y exclusivamente a su cónyuge. No dejen pasar una semana sin dedicarse uno al otro la atención que necesitan para hacer el máximo de depósitos en el banco del amor del cónyuge.

Otra prioridad importante es el tiempo que pasan juntos como familia. Si los cónyuges no se esfuerzan por apartar este tiempo de calidad con la familia, no se llevará a cabo. Otras actividades menos importantes lo desplazarán.

He hablado con muchas personas que están por morir, y ninguna de ellas me ha dicho que han debido pasar más tiempo trabajando. Si las personas tienen remordimientos en su vejez, es por no haber pasado más tiempo con su cónyuge y sus hijos. Cuando planifican juntos su semana, encontrarán que no tendrán tiempo para todo lo que desean hacer, pero si lo programan con anticipación, y siguen los planes que han hecho, llevarán a cabo las cosas que son más importantes para ambos.

Los hombres y las mujeres interpretan de manera diferente las obligaciones laborales y el manejo del tiempo

En general, las esposas quieren que su esposo pase más tiempo con ellas y con sus hijos. Sienten resentimiento por las carreras que separan al esposo de su familia. Esto se debe a que las mujeres parecen entender instintivamente la importancia de que el padre sea una parte integral de la familia. También parecen entender que el tiempo que pasan juntos es imprescindible para poder formar un vínculo emocional fuerte. Generalmente, la esposa es la primera en saber que la relación matrimonial corre peligro.

Por otra parte, el esposo muchas veces no entiende la manera en que su horario afecta la calidad de su matrimonio. Su horario no solamente está lleno de obligaciones laborales, sino también de actividades personales recreacionales, pasatiempos, la Internet, responsabilidades en la iglesia, programas de cultura física y muchos otros intereses que desvían su tiempo y atención de su esposa y su familia.

Al principio, la esposa hace grandes esfuerzos por crear un horario que los acerquen. Pero cuando ve que su esposo prefiere hacer las cosas solo, se da por vencida y persigue sus propios intereses sin él. Sin embargo, ella muy pronto descubre que su estilo de vida independiente está llevando al matrimonio por mal camino. Ella sabe que se están alejando emocionalmente.

Hace unos años, aconsejé a una pareja que se iba a divorciar. La esposa decía que ya no podía vivir con un esposo que pasaba sus fines de semana jugando golf y nunca estaba dispuesto a incluirla en sus actividades recreacionales. Yo lo animé a encontrar otra actividad de la cual pudiera disfrutar junto con ella, pero él insistía en no cambiar su rutina de jugar golf. Luego se lesionó la espalda y no pudo jugar golf por más o menos un año. Durante ese tiempo, descubrió nuevas actividades que podía compartir con su esposa, y hoy día están felizmente casados... sin el golf.

Los cónyuges pueden vivir de manera feliz sin las carreras y las actividades que destruyen su matrimonio. ¿Por qué esperar que sucesos casuales lo obliguen a tomar esta decisión cuando usted puede tomarla hoy mismo?

Yo planifiqué mi carrera con mi esposa en mente. Joyce no se sentía a gusto con mis dos primeras elecciones en cuanto a una carrera porque le parecía que afectarían de manera negativa nuestro tiempo juntos. Pero al final, nos pusimos de acuerdo en una profesión en que mi horario sería lo suficiente flexible como para permitir que yo formara una parte integral de la vida de Joyce: la psicología.

No hubiera tenido sentido empezar mi desarrollo profesional sin tener el acuerdo entusiasta de Joyce. Después de todo, mi carrera iba a ser un esfuerzo conjunto que nos beneficiaría a los dos. Sin el apoyo de ella, mi carrera no serviría para cumplir con nuestras metas conjuntas para nuestra vida. Debido a que Joyce me ha brindado su apoyo, la carrera que escogí ha sido particularmente satisfactoria, y sin duda, gran parte del éxito que he tenido se debe a su apoyo.

Las decisiones de Joyce en cuanto a su carrera también se tomaron teniendo en cuente los intereses míos. Por lo tanto, durante toda nuestra vida juntos, yo he apoyado su carrera de manera entusiasta, así como ella ha apoyado la carrera mía. Yo considero que su trabajo como cantante cristiana y presentadora y productora de radio es un esfuerzo que hacemos en conjunto. Nunca le reprocho el tiempo que le dedica a su carrera, porque ella toma en cuenta mis intereses al decidir su horario y su escogencia de actividades laborales.

Ya que ambos somos personas ambiciosas, la carrera de ambos hubiera podido destruir nuestro matrimonio. Hubiera podido guiarnos en direcciones opuestas. Pero, por lo contrario, la carrera de ambos ha fortalecido nuestro matrimonio, porque ambos consideramos que el otro es más importante que nuestro trabajo. Esta actitud de parte de ambos ha dado como resultado el amor profundo que nos tenemos.

No descuiden el amor que se tienen. Cada domingo por la tarde, hagan una cita para repasar el horario de ambos para la semana entrante. Usen la estrategia del acuerdo mutuo y los cuatro pasos para lograr la negociación exitosa para tratar de resolver cualquier conflicto que puedan tener mientras crean su horario. Tampoco olviden dedicar quince horas única y exclusivamente a su cónyuge para poder satisfacer las necesidades emocionales de ambos en cuanto a afecto, satisfacción sexual, conversación íntima y compañerismo en las actividades recreacionales. Incluya también tiempo para estar juntos como familia. Mientras más tiempo pasa con sus hijos, más podrá influir en ellos.

La perspectiva de cada cónyuge es importante al tomar decisiones. Pero cuando se trata de decisiones en cuanto al manejo del tiempo, me parece que la perspectiva de la mujer es particularmente importante ya que ella reconoce lo importante que es para los cónyuges pasar tiempo juntos. Las mujeres generalmente entienden instintivamente lo que hace funcionar bien la relación matrimonial, y por lo general, lo que más quieren es que su esposo les dedique su atención completa.

Al escoger a qué carrera dedicarse y cómo dividir su tiempo, ambos cónyuges deben siempre tomar en cuenta los deseos del otro. Al iniciar su carrera, planifique actividades que edifican el amor, no actividades que lo destruyen.

Repasemos...

1. Al conversar acerca de sus responsabilidades laborales o su manejo del tiempo, ¿se ha enojado con su cónyuge? ¿Lo ha tratado de manera exigente o irrespetuosa? ¿Ha usado excusas para tratar de justificar estas tácticas abusivas?
2. En vez de discutir acerca de sus responsabilidades laborales o su horario, ¿recurre usted a hacer lo que le parece correcto y luego esperar que su cónyuge se adapte? ¿Qué es lo más probable que ocurra cuándo un cónyuge obliga al otro a adaptarse a una decisión que no ha aceptado entusiastamente?
3. ¿Cuándo llega a destruir el amor una responsabilidad laboral o un horario? ¿Sienten usted o su cónyuge que tienen el derecho de tomar decisiones acerca de su carrera u horario independientemente de los intereses y los sentimientos del otro? ¿Está usted dispuesto a ceder ese derecho y seguir la estrategia del acuerdo mutuo por amor a su cónyuge?
4. Las carreras no son el único obstáculo al acuerdo en lo que concierne el manejo del tiempo. ¿Será que las actividades recreacionales, los pasatiempos, la Internet, las responsabilidades en la iglesia, los programas de cultura física u

otros intereses están tomando el tiempo que deberían pasar juntos? Los cónyuges deben llegar a un acuerdo entusiasta en cuanto a todas estas cosas o eliminarlas de su vida.

10
Conflictos en torno al manejo de las finanzas

Los conflictos financieros pueden ser interminables a menos que establezcan algunas pautas básicas, en otras palabras, un presupuesto. Cada hogar debe tener un presupuesto. Entonces antes de entrar en detalles en cuanto a ciertos temas financieros, empecemos por mirar el manejo del dinero en su totalidad. Le insto a que creen un presupuesto antes de enfrentar todos los posibles conflictos en torno al dinero.

Pero no quiero que creen un presupuesto cualquiera. Quiero que creen un presupuesto

guiándose por la estrategia del acuerdo mutuo. Cuando lo hayan completado, estarán mucho más cerca de resolver uno de los conflictos más comunes en el matrimonio: el conflicto financiero. Un presupuesto los ayuda a determinar con anticipación lo que esperan ganar y cómo piensan gastarlo. Cuando llegan a un acuerdo entusiasta en cuanto a esto y luego se ciñen a su plan, surgirán muy pocos conflictos financieros, porque ya los habrán resuelto de antemano.

Por lo tanto, el primer paso para aprender a resolver los conflictos financieros es crear un presupuesto acerca del cual tengan un acuerdo entusiasta. Si usted nunca ha creado un presupuesto formal para determinar cómo se gastarán sus ingresos, debe empezar con un formulario para crear presupuestos que podrá encontrar en una librería o en Internet. Este formulario debe incluir por lo menos setenta categorías de gastos.

Si lo desea, puede bajar sin costo alguno el formulario de presupuesto que he escrito. Se encuentra en la sección de cuestionarios del sitio web MarriageBuilders.com bajo el título "Financial Support Inventory: Needs and Wants Budget" [Inventario de apoyo financiero: presupuesto en cuanto a necesidades y deseos.] Sin embargo, como descubrirá, no sólo lo ayuda a crear un presupuesto, sino que también lo ayuda a suplir la necesidad apoyo financiero.

Los detalles de un presupuesto

Los presupuestos tienen dos partes básicas: la sección de los ingresos y la sección de los gastos. La sección de los ingresos generalmente es la parte del presupuesto sobre el cual es más fácil ponerse de acuerdo, especialmente si es un monto que no varía. Pero si sus ingresos varían de un mes a otro, puede haber conflicto al decidir si deben estimar el monto de sus ingresos de manera optimista o pesimista. Sugiero que usen un estimado bajo y que tengan un plan de contingencia acerca de cómo gastar el dinero que puedan ganar por encima de ese monto. De esa manera estarán cubiertos si sus ingresos no llegan al monto que habían esperado, pero también tendrán planificado cómo gastar cualquier ingreso adicional que puedan recibir. Incluya todos sus ingresos antes de las deducciones de nómina y luego muestre estas deducciones como un gasto.

Luego viene la parte difícil. ¿En qué deben gastar estos ingresos? Si ustedes son como la mayoría de las parejas, no están ganando todo el dinero que quisieran gastar, y ambos tendrán prioridades diferentes.

Por lo tanto, recomiendo que cada uno llene su propia copia del presupuesto primero, para que puedan estar conscientes de los conflictos que existen (por ejemplo, uno de ustedes tal vez quiera gastar mil dólares en regalos de Navidad y al otro le parece que doscientos dólares sería suficiente). Los presupuestos deben estar equilibrados. En otras palabras, no planifiquen gastar más de lo que ganan. También deben incluir todos los compromisos financieros que tienen actualmente. ¿Cuáles son costos esenciales y cuáles son costos discrecionales? Los costos que se pagan una vez al año, como los seguros y los regalos de Navidad, deben prorratearse cada mes de modo que los fondos estén disponibles cuando llegue el momento de pagarlos.

Después de crear sus dos presupuestos, están listos para compararlos y conversar acerca de todos los conflictos que encontrarán. ¿Cómo los reconciliarán?

Primeramente, recuérdense uno al otro que si esperan llegar a un acuerdo entusiasta, su conversación debe ser segura y amena. También recuérdense uno al otro que la postura por defecto de la estrategia del acuerdo mutuo es no hacer nada. Si no logran llegar a un acuerdo entusiasta, el dinero en esa categoría debe permanecer en su cuenta de cheques a menos que puedan llegar a un acuerdo provisional que ambos puedan aceptar de manera entusiasta.

En segundo lugar, descubran la opinión uno del otro acerca de este tema de manera respetuosa para poder idear una solución sobre la cual estarían de acuerdo. Por supuesto que hay ciertas personas que simplemente no quieren gastar ningún dinero; son personas tacañas. La postura por defecto, el no hacer nada, es precisamente lo que ellas desean. Abordaré ese problema en el capítulo 16. Pero la mayoría de las parejas tratan de encontrar elementos en común cuando respetan la perspectiva del otro.

El tercer paso es el realizar una sesión de tormenta de ideas para pensar en ideas que podrían satisfacer a ambos. Si no pueden pensar en nada inmediatamente, deje que el problema madure por unos cuantos días, y luego vuelvan a tratarlo. Es increíble lo que nuestro cerebro puede hacer cuando le damos la oportunidad de procesar cierta información por un tiempo.

Finalmente, el cuarto paso es encontrar una solución que ambos puedan aceptar entusiastamente. De nuevo, quiero recordarles por qué deseo que se pongan de acuerdo de manera entusiasta y no de manera renuente. Los acuerdos entusiastas crean un estilo de vida que deposita unidades de amor en el banco del amor de ambos, mientras que los acuerdos renuentes crean un estilo de vida que produce retiros del banco del amor, por lo menos para el cónyuge renuente. Si quieren estar enamorados, no se conformen con acuerdos renuentes.

Encontrarán que los acuerdos entusiastas en cuanto a su presupuesto establecerán un precedente para las decisiones financieras que tomarán en el futuro. Los acuerdos renuentes tienen que volver a negociarse cada vez que surge un conflicto; en cambio, los acuerdos entusiastas generalmente obvian la necesidad de volver a negociar. Ustedes sabrán qué hacer cada vez que surja un problema. Tal vez tome más tiempo crear los acuerdos entusiastas que los acuerdos renuentes, pero en general, habrá que negociar mucho menos. Y a medida que mejoren su habilidad de negociar, cuando surjan nuevos conflictos, podrán resolver la mayoría de ellos muy rápidamente.

Los hombres y las mujeres interpretan de manera diferente las metas del manejo de las finanzas

Cuando un cónyuge toma decisiones financieras sin tomar en cuenta la perspectiva del otro, se pierden unidades de amor. Es así de sencillo. Pero cuando se toman decisiones financieras tomando en cuenta las opiniones de ambos cónyuges, se llega a un plan más sabio, que también estimula los sentimientos de amor.

Entonces, si ustedes quieren ser sabios y edificar su amor uno por el otro, deben establecer un presupuesto que toma en cuenta los intereses y los sentimientos de ambos. Cada punto de este presupuesto debe estar sujeto al acuerdo mutuo entusiasta, y deben hacer lo que han acordado, a menos que deseen volver a negociar acerca de su presupuesto.

Al hacer este presupuesto, probablemente encontrarán que sus prioridades son diferentes. En general, las mujeres quieren que sus recursos financieros limitados se gasten en cosas que garantizarán la seguridad de la familia, mientras que los hombres quieren gastar sus recursos en la diversión. La esposa posiblemente quiera gastar más en el cuidado de la familia que el esposo, mientras que el esposo tal vez quiera gastar más en actividades recreacionales que la esposa.

Ya que muy pocas personas tienen los recursos para comprar todo lo que quisieran tener, llega un momento en la vida de cada pareja en que deben establecerse prioridades. Y ya que las metas financieras de ambos cónyuges difieren, puede ser bien difícil llegar a un acuerdo entusiasta en cuanto a cada punto del presupuesto.

Si enfrentan un conflicto en cuanto a su presupuesto, empiecen con el supuesto que ambas perspectivas tienen algo de verdad. La esposa que quiere que el presupuesto promueva la seguridad de su familia está defendiendo un valor importantísimo. Pero el valor que defiende el esposo que quiere que el presupuesto cubra las actividades recreacionales también es importante. No se trata de escoger entre estos dos valores. Lo que se busca es averiguar cómo se pueden lograr ambos objetivos.

¿Qué pasa si ella tiene una necesidad emocional de ser apoyada financieramente?

Como mencioné anteriormente, usted puede descargar gratis nuestro "Presupuesto para necesidades y deseos" (Needs and Wants Budget). Pero cuando lo vea, notará inmediatamente que sugiere un enfoque diferente en cuanto a establecer un presupuesto al que acabo de sugerir, el cual simplemente los lleva a lograr un acuerdo justo en cuanto a su presupuesto. El "Presupuesto para necesidades y deseos" va más allá de esto. Está destinado a satisfacer la necesidad de la esposa de ser apoyada financieramente.

Ustedes pueden ponerse de acuerdo en cuanto a tener un simple presupuesto justo o un presupuesto que satisface la necesidad de apoyo financiero de la esposa. Esto dependerá de si una de las necesidades más importantes de ella es ser apoyada financieramente. Esto se puede determinar al completar el "Cuestionario de necesidades emocionales" que se encuentra en el apéndice B y también en la sección de cuestionarios del sitio web MarriageBuilders.com.

Si ustedes descubren que ella tiene una necesidad de contar con un apoyo financiero, animo a la esposa a completar la primera versión del presupuesto, que yo llamo el presupuesto de necesidades. Sólo deben incluirse los ingresos del esposo en la primera versión. Recomiendo esto por una razón muy importante. Si una mujer tiene una necesidad emocional de ser apoyada financieramente, cuando su esposo la mantiene financieramente a ella y a sus hijos, él está haciendo grandes depósitos en el banco del amor de ella. Al completar la primera versión del presupuesto usando sólo los ingresos de él, ella podrá expresar precisamente cómo ella desearía que él supliera su necesidad de apoyo financiero. Cuando los ingresos del esposo cubren el monto que ella escribió en el "Presupuesto de necesidades", él estará satisfaciendo la necesidad de ella de apoyo financiero.

Cuando los hombres oyen esta recomendación por primera vez, a menudo piensan que su esposa estará creando todo el presupuesto. No quedará nada para lo que él desea. ¿Qué ocurre entonces con la estrategia del acuerdo mutuo?

Sin embargo, en todos los años que llevo animando a las parejas a seguir este procedimiento, todavía no he encontrado una mujer cuyos requisitos presupuestarios eran irrazonables y totalmente fuera del alcance de su esposo. Y esto le da la oportunidad a él de negociar con ella acerca de lo que a él le gustaría comprar. Recuerde que esta es la primera versión, no el presupuesto final.

Después que la esposa haya completado el "Presupuesto de necesidades", tanto el esposo como la esposa añadirán gastos a la próxima versión, el "Presupuesto de compras deseadas". Este incluye gastos que el esposo siente que necesita que no se han incluido en la primera versión, además de otras cosas que él pudiera desear. Ya que la esposa ya ha expresado sus necesidades, ella añade lo que desea a esta segunda versión. Y esta vez se incluyen los ingresos de ella.

Ahora viene la negociación. Si usted es como la mayoría de las parejas, sus necesidades y las cosas que desearían adquirir son mucho más de sus ingresos combinados. Por esta razón, ambos deben aceptar entusiastamente la versión final del presupuesto, al cual llamo el "Presupuesto asequible".

Hagan hincapié en tratar de incluir los gastos que la esposa incluyó en la primera versión del presupuesto. Y asegúrense de que los ingresos del esposo cubran estos gastos. Si esto no es puede lograr mediante un acuerdo entusiasta, quiere decir que la necesidad de ella en cuanto a apoyo financiero no está siendo satisfecha por el nuevo presupuesto. También significa que deben enfocarse en la manera de satisfacer esa necesidad en el futuro mediante un acuerdo entusiasta.

Pero si la necesidad de la esposa de apoyo financiero según se describe en el "Presupuesto de necesidades" está cubierta por los ingresos de su esposo, el resto del proceso presupuestario es cuestión de reconciliar lo que queda de los ingresos de él junto con los ingresos de ella, con los gastos que ambos quisieran añadir.

Es posible que tome cierto tiempo llegar al producto final, que es el "Presupuesto asequible". Mientras tanto, recuerden la postura por defecto de la estrategia del mutuo acuerdo: No deben gastar nada hasta que ambos hayan llegado a un acuerdo entusiasta al respecto. Si no pueden llegar a un acuerdo en unas cuantas semanas, deben encontrar un mediador que los ayude a pensar en alternativas creativas.

Quisiera añadir una palabra de precaución. Simplemente el hecho de haber negociado para llegar a un presupuesto que ambos aceptan de manera entusiasta no quiere decir que tendrán entusiasmo al respecto del presupuesto una vez que se implemente. La estrategia del acuerdo mutuo se aplica a todo lo que hacen, pero es posible que en la práctica, las cosas no resulten como esperaban. Si usan su presupuesto como guía, pero luego encuentran que no están teniendo el resultando esperado, vuelvan a negociar, tomando en cuenta su nueva experiencia para ayudarles a hacer ajustes.

Recuerden que su manera de gastar dinero debe hacer depósitos en el banco del amor uno del otro. Si esto no está ocurriendo, es conveniente hacer modificaciones.

Repasemos...

1. Creen un presupuesto que ambos aceptan con entusiasmo y que ambos están dispuestos a seguir. Si la esposa ha expresado una necesidad

de ser mantenida financieramente, use las hojas del "Inventario de apoyo financiero: presupuesto de necesidades y compras deseadas" (Financial Support Inventory: Needs and Wants Budget) en la sección de cuestionarios en el sitio web MarriageBuilders.com, el cual se puede copiar de gratis.

2. Después de crear un presupuesto, ¿todavía tienen conflictos usted y su cónyuge en cuanto al manejo de las finanzas? Describan sus conflictos tan claramente como sea posible, y tomen en cuenta de manera respetuosa las opiniones y perspectivas uno del otro. Luego usen la estrategia del acuerdo mutuo y los cuatro pasos para lograr la negociación exitosa para encontrar una solución que tome en cuenta los intereses de ambos.
3. ¿Sus decisiones financieras parecieran darle al dinero una prioridad más alta que el amor que se tienen? ¿Cómo puede la estrategia del acuerdo mutuo recordarles siempre que deben darle al cónyuge la más alta prioridad en su vida?

11
Conflictos en torno a los niños

Al principio de este libro di un ejemplo de un conflicto matrimonial típico: Tony y Jodi no podían ponerse de acuerdo acerca de quién se levantaría para calmar a su hija Emily, cuando esta lloraba de noche. El hecho de no llegar a un acuerdo entusiasta acerca de cómo solucionar este problema sencillo tuvo un efecto dominó que casi los llevó al divorcio.

Si los conflictos no resueltos en torno a las responsabilidades diarias del cuidado de los niños pueden llevar al divorcio, imagínese lo que pueden hacer en un matrimonio los conflictos no resueltos en torno a la manera de criar y disciplinar a los hijos. La mayoría de los padres saben que las decisiones que toman en torno al desarrollo moral y educacional de sus hijos influirán mucho más en su felicidad y éxito futuros que cualquier decisión en torno a quién debe levantarse con ellos de noche. Y cuando los padres no logran ponerse de acuerdo en cuanto a las metas y los métodos de la crianza de los hijos, esto indudablemente separará a la pareja.

Si los padres no coinciden en cuanto a la manera en que se deben criar a los hijos, estos llegan a ser expertos en usar la estrategia "divide y conquista". Usted le dice a su hijo que no puede salir con sus amigos hasta que haya hecho su cama y limpiado su cuarto. Luego su cónyuge dice que está bien que salga esta vez, pero que mañana tiene que limpiar su cuarto. Cuando un cónyuge trata de controlar la manera de criar a los hijos, y el otro no está de acuerdo con estas reglas, los hijos aprenden muy poco acerca de cómo ser exitosos en la vida. Los hijos consideran que las lecciones que sus padres tratan de enseñarles son vagas e inciertas, porque ni siquiera los padres logran ponerse de acuerdo. De modo que cuando necesitan un consejo, acuden a sus amigos, a otros niños, los cuales son una fuente de sabiduría bien pobre.

Pero las decisiones unilaterales en cuanto a la crianza de los hijos no sólo crean confusión en los niños. También son ofensivos. ¿En algún momento ha sentido que su cónyuge no lo ha apoyado en cuanto a la manera en que usted quisiera criar a sus hijos? Es una queja muy común en los matrimonios y una enorme fuente de retiros del banco del amor. Cuando los padres no están de acuerdo acerca de lo que deben hacer sus hijos, o acerca de cómo castigarlos cuando desobedecen, es casi seguro que una decisión unilateral de parte de un cónyuge provocará grandes retiros en el banco del amor del otro cónyuge. A menudo, el que está tratando de proteger a sus hijos siente el dolor de la disciplina más agudamente que sus hijos. Pero el que disciplina a los hijos también puede ofenderse. Este se siente abandonado y poco apreciado.

También es un error hacerles favores a los hijos sin que haya un acuerdo mutuo entre los cónyuges. Si un cónyuge le da algo a un hijo que el otro cónyuge desaprueba, el cónyuge que lo desaprueba a veces puede parecer el padre malo que no ama a sus hijos lo suficientemente como para darles lo que verdaderamente necesitan. Al igual que el disciplinar a los hijos de manera unilateral, el hacerles favores de manera unilateral también puede causar mucho resentimiento en su matrimonio. No es justo decir que su cónyuge no ama a los hijos simplemente porque ustedes no están de acuerdo en cuanto a la crianza de sus hijos.

Es un error galardonar o castigar a sus hijos cuando usted y su cónyuge no han llegado a un acuerdo entusiasta al respecto. Si su cónyuge no apoya sus métodos de crianza, sus hijos no aprenderán mucho de estos. Y usted indudablemente estará retirando unidades de amor del banco del amor de su cónyuge.

Los cónyuges con familias mezcladas enfrentan un reto particularmente difícil

Cuando ella era adolescente, a mi esposa Joyce le resultaban irritantes los niños pequeños. Ella evitaba tener que cuidarlos. Entonces cuando nos casamos, yo no estaba seguro de cómo ella manejaría nuestros propios hijos, o si ella tendría deseos de tener hijos.

Cuando llegaron nuestros hijos, Joyce resultó ser una excelente madre. Era muy paciente con sus propios hijos y nietos. Pero todavía le irritan los hijos de otras personas.

Eso es parte del problema que enfrentan las familias mezcladas cuando por lo menos uno de los cónyuges tiene un hijo de otra relación. Es difícil de por sí criar a sus propios hijos, pero los hijos de su cónyuge pueden hacer que la tarea parezca imposible. El resentimiento que produce el no estar de acuerdo en cuanto a la crianza de los hijos destruye la gran mayoría de estos matrimonios. Muy pocos sobreviven.

En las familias mezcladas, las decisiones independientes en cuanto a la crianza de los hijos influyen mucho más en los saldos del banco del amor de los cónyuges que en las familias nucleares (donde los hijos son hijos naturales de ambos cónyuges). La razón de esto es porque los cónyuges tienen un instinto natural que los lleva a querer proteger a los suyos a toda costa. Cualquier castigo unilateral que imponga un padrastro o una madrastra generalmente hace que el padre o la madre naturales se enojen y defiendan ferozmente a su hijo.

Cada cónyuge en una familia mezclada tiende a darle más prioridad a los intereses de su hijo natural. Generalmente esto es un esfuerzo por compensar el trauma que han experimentado los niños al morir uno de sus padres o al divorciarse sus padres. La culpabilidad que sienten los padres por haber privado a sus hijos de las ventajas de una familia nuclear muchas veces los llevan a darles a sus hijos todo lo que quieran. La disciplina se va al garete.

Existe otro problema en casos en que la ruptura de la familia se debió al divorcio y no a la muerte: los padres divorciados les han dado a sus hijos un muy mal ejemplo de cómo comportarse. En vez de enseñarles a sus hijos por medio del ejemplo a ser considerados con otros, uno o ambos padres han sido tan desconsiderados que esto acabó con el amor entre ellos y el matrimonio se disolvió. Como resultado, sus hijos han aprendido que cada persona debe velar por sí misma.

Entonces, si usted forma parte de una familia mezclada y no quiere que sus hijos sean un obstáculo al amor que hay entre usted y su cónyuge y no quiere terminar divorciado, debe tomar todas sus decisiones en cuanto a la crianza de sus hijos de mutuo acuerdo con su cónyuge. Deben decidir juntos toda acción disciplinaria y toda recompensa antes de implementarlas. Así, sus hijos los tomarán en serio cuando son disciplinados, y ninguno de ustedes quedará como el padre malo. Además, estarán haciendo depósitos en vez de retiros al banco del amor de su cónyuge.

Los hombres y las mujeres interpretan de manera diferente las metas en cuanto a la crianza de los hijos

Al criar los hijos, ¿qué meta es más importante: el enseñarles a ser obedientes o el enseñarles que son amados? Todos estaríamos de acuerdo en que ambas metas son importantes, pero si tuviera que escoger una sola, ¿cuál de las dos escogería?

En general, para las mujeres es más importante que sus hijos sepan que son amados a que aprendan a obedecer. Por lo contrario, los hombres tienden a pensar que es más importante enseñar a sus hijos a ser obedientes.

¿Y qué tal el aprender a valerse por sí mismos? ¿Quiere usted que sus hijos se ganen su paga o prefiere simplemente regalárselo? Los hombres tienden a hacer hincapié en el hecho de trabajar para ganarse lo necesario, mientras que las mujeres tienden a querer que la necesidad sea satisfecha de una u otra manera.

Aunque estas diferencias no se aplican a todas las parejas, son dos de los muchos conflictos que existen entre los hombres y las mujeres en torno a la crianza de los hijos.

¿Quién tiene razón? ¿Quién está equivocado? En la mayoría de los casos, las dos perspectivas contradictorias son correctas. Los niños necesitan saber que son amados, y también necesitan aprender a obedecer. Deben aprender a ser independientes y sus necesidades también deben ser satisfechas. ¿Pero cómo se hace para lograr ambas cosas?

¿Qué metas tienen usted y su cónyuge en cuanto a criar a sus hijos? ¿Cuáles son sus prioridades? ¿Son diferentes? ¿Los llevan esas diferencias a tener conflictos en el momento de tomar decisiones acerca de la disciplina de sus hijos? Mientras más rápidamente contesten estas preguntas, mejor será.

La perspectiva de ambos en cuanto a la crianza de los hijos es igualmente valiosa. Cuando ustedes lleguen a un acuerdo entusiasta en cuanto a este tema, sus hijos se beneficiarán de su sabiduría conjunta. Por otra parte, si uno de ustedes toma una decisión unilateral, sus hijos terminarán frustrados y confusos. Cuando un cónyuge disciplina a un hijo sin tener el apoyo del otro cónyuge, el hijo siente que un padre parece amarlo más que el otro. Y cuando un hijo es galardonado por un solo cónyuge, él o ella recibe un mensaje contradictorio. Lo que hizo fue valioso según el juicio de uno de sus padres, pero no lo fue según el juicio del otro. Entonces, ¿fue, o no fue valioso? El niño no lo sabe a ciencia cierta.

Cuando los padres están unidos en las pautas que establecen para sus hijos, y lo hacen con coherencia y acuerdo mutuo, les comunican a sus hijos un mensaje poderoso. Les enseñan lecciones que seguramente influirán en su vida y les indicarán el camino a seguir. Los niños se benefician cuando sus padres están de acuerdo acerca de cómo criarlos. Elimina la confusión que causan los mensajes contradictorios y las decisiones tontas e impulsivas que puedan tomar uno u otro de los cónyuges en un arranque de ira.

Si no pueden llegar a un acuerdo entusiasta acerca de la manera de criar a sus hijos, no podrán enseñarles a sus hijos lecciones importantes acerca de la vida, y perderán el amor que sienten uno por el otro. Por lo tanto, estoy seguro que coincidirán conmigo cuando digo que es sumamente importante aprender a ser experto en resolver este tipo de conflictos de manera que ambos se beneficien.

Como criar a sus hijos mediante un acuerdo entusiasta

Empiecen con un entendimiento claro de su meta: es seguir la estrategia del acuerdo mutuo. No manden a sus hijos a hacer algo, no los castiguen, no los galardonen ni los enseñen hasta que ustedes hayan llegado a un acuerdo entusiasta. Una vez que hayan llegado a un acuerdo, pueden implementar la acción apropiada. Ya no tendrán que negociar en cuanto a este tema porque ya habrán llegado a un acuerdo.

Entonces sería bueno comenzar por ver en qué están de acuerdo y en qué no lo están en lo que concierne la crianza de los hijos. Estoy seguro que se acordarán de desacuerdos recurrentes que han tenido, y estos los podrán escribir en una lista titulada "Conflictos". Pero también deben tomarse un tiempo para crear una lista titulada "No hay conflicto". Esta lista constará de decisiones que ya han tomado en torno a la crianza de los hijos, donde tenían un acuerdo entusiasta. Cualquiera de los cónyuges puede tomar estas decisiones unilateralmente sin correr el riesgo de ofender al otro o estar en desacuerdo. Con el tiempo, a medida que recuerdan incidentes pasados y surgen nuevos retos en sus esfuerzos por criar a sus hijos, pueden añadir a ambas listas.

Una vez que se añade una situación a la lista titulada "Conflictos", cualquier acción relacionada con esta tendrá que ser aprobada por ambos cónyuges. En otras palabras, ninguno de los cónyuges podrá tomar una decisión unilateral en torno a ese tema. Si no logran ponerse de acuerdo en cuanto a que Juanito haga su cama por la mañana o no, no podrán ofrecerle recompensas o castigarlo para lograr este objetivo hasta que hayan llegado a un acuerdo entusiasta.

Una vez que tengan su lista de conflictos a ser resueltos, mientras más rápidamente los abordan, mejor será.

Recuerden que su negociación debe ser amena y segura. No deben hacer exigencias, ser irrespetuosos o enojarse. Si cualquiera de los dos se altera, dejen la conversación para después que se hayan calmado.

Describa claramente el conflicto. Use un cuaderno que siga el patrón usado en el formulario descrito en el Apéndice A para que ambos entiendan el asunto claramente. Luego, descubran de manera respetuosa las opiniones de su cónyuge para ver qué tipo de solución funcionaría para ambos. Recuerden que hay sabiduría en la perspectiva de ambos.

Después que hayan tenido la oportunidad de entenderse, estarán listos para entablar una sesión de tormenta de ideas para pensar en soluciones que pudieran satisfacer a ambos. Tengan a mano su cuaderno para que puedan anotar las ideas que se les ocurran. Denle a su cerebro la oportunidad de idear algunas soluciones creativas.

Finalmente, implementen a título de prueba una de las soluciones que toma en cuenta las perspectivas de ambos. Si funciona bien, les entusiasmará a ambos el implementarla, y habrán resuelto su conflicto.

Repasemos...

1. Al conversar acerca de la crianza de los hijos, ¿se ha enojado con su cónyuge? ¿Lo ha tratado de manera exigente o irrespetuosa? ¿Ha usado excusas para tratar de justificar estas tácticas abusivas?
2. En vez de discutir acerca de la crianza de sus hijos, ¿recurre usted a hacer lo que le parece correcto y luego esperar que su cónyuge se adapte? ¿Qué es lo más probable que ocurra cuándo un cónyuge obliga al otro a adaptarse a una decisión que no ha aceptado entusiastamente?
3. ¿Cuándo llega a destruir el amor una decisión en cuanto a criar a los hijos? ¿Siente usted o su cónyuge que tienen el derecho de tomar decisiones acerca de la crianza de sus hijos independientemente de los intereses y los sentimientos del otro? ¿Está usted dispuesto

a ceder ese derecho y seguir la estrategia del acuerdo mutuo por amor a su cónyuge?

4. Hagan dos listas, una titulada “Conflictos”, en la cual anotarán los conflictos que enfrentan en torno a la crianza de los hijos, y otra titulada “No hay conflicto”, en la cual anotarán cuestiones en las que ya se han puesto de acuerdo. Usen la estrategia del acuerdo mutuo y los cuatro pasos para lograr la negociación exitosa para tratar de resolver cada uno de los conflictos que han anotado en la lista. Use el cuaderno que recomendé (véase el Apéndice A) para guiar su conversación. Recuerden usar la estrategia del “Inténtalo, verás que te gustará” para ver si pueden ponerse de acuerdo. Si no logran llegar a un acuerdo entusiasta, vuelvan a tener una sesión de tormenta de ideas.
5. Para más información acerca de cómo impedir que la presión de la crianza de los hijos perjudique su matrimonio, lean mi libro *His Needs, Her Needs for Parents: Keeping Romance Alive* [Las necesidades de él y de ella para los padres: cómo mantener vivo el romance

12
Conflictos en torno al sexo

El apóstol Pablo escribió lo siguiente acerca del sexo: “No se nieguen el uno al otro, a no ser de común acuerdo” (1 Co 7:5). Aunque la estrategia del acuerdo mutuo que he recomendado dice que las partes deben llegar a un acuerdo mutuo entusiasta antes de tener relaciones sexuales, Pablo dice aquí que los esposos deben tener relaciones sexuales a menos que ambos se pongan de acuerdo para no tenerlas. Más adelante en este pasaje, sabiendo que es un tema complicado, el apóstol deja saber al lector que esta recomendación es una sugerencia y no un mandato. Al llegar a esta cláusula de salvaguardia, sus lectores —especialmente las mujeres— dan un suspiro de alivio.

Entiendo completamente el dilema de Pablo. Él sabía que el sexo es muy importante en el matrimonio y que se debía animar a los cónyuges a tener relaciones sexuales gratificantes uno con el otro, pero el tener relaciones sexuales a petición del otro conlleva problemas.

El tener relaciones sexuales frecuentes y gratificantes en el matrimonio presenta los mismos inconvenientes hoy día que hace dos mil años. Y como la mayoría de los problemas de todos los tiempos, el tema es bien complicado. Pero, desde la perspectiva de muchos cónyuges, sobre todo los hombres, no debería ser así. ¿Qué tiene de complicado el que un hombre y una mujer disfruten juntos de las relaciones sexuales?

Cuando se casan, la mayoría de los cónyuges, tanto hombres como mujeres, consideran que las relaciones sexuales frecuentes y gratificantes son uno de los beneficios que Dios ha provisto en el matrimonio. Pero con el paso del tiempo, el hombre generalmente descubre que su esposa no tiene el mismo interés en el sexo que él. Y mientras más tiempo llevan casados, menos interés tiene la esposa. A medida que las relaciones sexuales se hacen cada vez menos frecuentes, los hombres se sienten cada vez más frustrados y decepcionados. Lo que antes parecía muy natural, ahora pareciera ser casi imposible. Los hombres encuentran que no saben cómo persuadir a su esposa a volver a ser las tremendas amantes que solían ser. Les falta destreza para negociar cuando se trata de este tema.

Si usted se encuentra en esta situación, y simplemente no logra hablar del tema con su cónyuge, o si sus conversaciones no resultan ser provechosas, voy a mostrarle cómo lo que está aprendiendo en este libro puede aplicarse a los conflictos en cuanto al sexo.

¿Pueden ustedes hablar del tema de manera segura y jovial?

El sexo es una necesidad tan emocional que puede ser muy difícil hablar sobre el tema de manera calmada y respetuosa. A veces uso la analogía de un hombre sediento para ilustrar la frustración que siente el esposo ante la renuencia sexual de su esposa. Es como si él no lograra tomar agua, aunque su esposa se lo pudiera dar muy fácilmente si quisiera. Ella le explica que está demasiado cansada o que no tiene ganas, mientras la sed de él aumenta cada vez más. Pero en vez de negociar con ella, el esposo hace exigencias: *¡Tráeme agua ahora mismo!* Cuando eso no da resultado, él le falta el respeto a ella: *¡Qué mala esposa eres!* Luego, a medida que aumenta su frustración, pierde los estribos y empieza a gritarle obscenidades.

Por una parte, se puede entender que la situación en que se encuentra puede ser exasperante, pero los métodos que está usando no llevarán a su esposa a colaborar con él. Más bien, la ahuyentarán. En vez de tratar de ayudar a su esposo, ella lo evitará. El principio que he presentado en los capítulos anteriores de este libro, también se aplican en el ámbito del sexo. Si él desea que ella llegue a ser una amante más complaciente, tendrá que asegurarse que su conversación con ella sobre este tema sea segura y amena.

El esposo debe empezar la conversación pidiendo a la esposa que haya un cambio en la frecuencia o la manera en que hacen el amor. Después que se haya planteado esta petición, cada uno tendrá la oportunidad de explicar su perspectiva para poder encontrar una manera de satisfacer la petición de manera que haya entusiasmo mutuo. ¿Hay algunas diferencias que hay que tomar en cuenta al tratar de llegar a un acuerdo entusiasta?

Sugiero que empiecen su conversación con una pregunta. La respuesta a esa pregunta ayudará a guiarlos a una resolución para casi todo conflicto sobre el sexo. La pregunta es la siguiente: *¿Por qué debemos tener relaciones sexuales?*

¿Por qué debemos tener relaciones sexuales?

Los hombres generalmente sienten ansias por tener relaciones sexuales que se intensifican durante unos cuantos días, o unas cuantas horas en el caso de los hombres más jóvenes. La masturbación alivia estas ansias hasta cierto punto, pero generalmente es más gratificante tener un encuentro sexual con una mujer. Entonces, para la mayoría de los hombres, la respuesta a la pregunta "¿Por qué debemos tener relaciones sexuales?" es que necesitan tener relaciones para satisfacer sus deseos sexuales. Yo llamo lo que la mayoría de los hombres hacen para satisfacer estos deseos un "acto sexual".

Por otra parte, las mujeres generalmente no experimentan las mismas ansias sexuales que los hombres, o por lo menos, las sienten mucho menos frecuentemente. De modo que para la mujer, el sexo generalmente tiene un propósito muy diferente. Generalmente, es una pequeña parte de lo que la ayuda a crear intimidad con el hombre que ama. Para la mayoría de las mujeres, la respuesta a la pregunta "¿Por qué debemos tener relaciones sexuales?" es que el sexo es necesario para crear lazos afectivos íntimos, los cuales se fortalecen por medio del afecto y la conversación íntima. Yo llamo lo que la mayoría de las mujeres hacen para satisfacer esa meta un "evento sexual".

No me malentienda. No estoy diciendo que los motivos para el sexo que acabo de exponer son los únicos que tienen los esposos y las esposas. Generalmente, hay una mezcla de motivos, ya que los hombres también quieren tener relaciones sexuales para crear lazos afectivos íntimos y las mujeres también quieren que sus deseos sexuales sean satisfechos. Pero lo que estoy diciendo aquí es que en general, lo que más motiva a hombres y mujeres a tener relaciones sexuales es muy diferente.

El entender lo que es la hormona testosterona nos ayudará a entender por qué los hombres consideran que el propósito del sexo es la satisfacción de un deseo físico. Esta hormona, la cual es abundante en la mayoría de los hombres, y tristemente (desde la perspectiva de la mayoría de los hombres) muy escasa en la mayoría de las mujeres, es lo que produce las ansias sexuales de los hombres. Las mujeres encuentran que cuando se les administra la misma cantidad de testosterona que tienen en su cuerpo la mayoría de los hombres de diecinueve años, ellas también ansían tener relaciones sexuales y buscan satisfacer estas ansias con la misma frecuencia que los hombres.

Como en el caso de los hombres, probablemente haya razones fisiológicas para la perspectiva de la mujer en cuanto al sexo. Es probable que las hormonas y las vías neurales únicas a la mujer la lleven a necesitar la intimidad que se consigue mediante las relaciones. Pero sean cuales sean estas razones fisiológicas, no parecen motivar a las mujeres a tener relaciones sexuales tan frecuentemente como quisieran la mayoría de los hombres.

Por supuesto que la procreación es la razón primordial de las relaciones sexuales. La fisiología tanto de los hombres como de las mujeres subconscientemente los motiva a tener relaciones sexuales entre ellos para perpetuar su especie. A veces este propósito puede ser consciente, y los cónyuges deliberadamente tienen relaciones sexuales con el fin de engendrar un hijo. Pero generalmente los cónyuges dicen tener otras razones para tener relaciones sexuales, y estas los motivan, aun cuando no tienen ni la habilidad ni el deseo de procrear.

¿Cómo debemos tener relaciones sexuales?

En sus esfuerzos por recolectar información en cuanto a la perspectiva de ambos en cuanto al sexo, la próxima pregunta que deben hacer es: "¿Cómo debemos tener relaciones sexuales?" La respuesta a esta pregunta depende en gran manera de la respuesta a la primera pregunta: "¿Por qué debemos tener relaciones sexuales?"

Si su esposa no le indicara lo contrario, la mayoría de los hombres escogerían un método sexual que refleja su propósito, que es satisfacer las ansias que sienten mucho más intensamente y frecuentemente que su esposa. Iniciarían un acto sexual haciendo lo necesario para crear excitación sexual para sí mismos. Para la mayoría de los hombres, el mirar y tocar el cuerpo de su esposa, especialmente sus senos, nalgas y entrepierna generalmente es lo que mejor funciona. El momento más conveniente es cuando su esposa está con él en la cama antes de dormirse o al despertarse

El acto sexual en sí generalmente involucra el coito, pero algunos hombres prefieren el sexo oral porque encuentran que es más rápido e intenso.

Una vez más, no me malentienda. No estoy sugiriendo que todos los esposos hagan esto o piensen de esta manera. Simplemente estoy diciendo que si su esposa no se resistiera ni lo guiara, para la mayoría de los hombres tiene sentido tener relaciones sexuales dentro del matrimonio frecuentemente y de la manera más estimulante. Entonces, cuando hablen de este tema, sea completamente sincero en cuanto a sus instintos. Dígale a su esposa lo que le agradaría más, si ella no tuviera objeciones.

Basado en la perspectiva de la esposa de que el sexo debería ser una oportunidad para crear lazos afectivos que se fortalecen mediante el afecto y la conversación íntima, ella tendría una respuesta muy diferente a la pregunta: "¿Cómo debemos tener relaciones sexuales?" Ella desearía que el sexo fuera parte de una experiencia romántica más amplia. Salir a cenar, ir a bailar, hacer caminatas románticas a la luz de la luna... Con tal que su esposo le muestre cariño a lo largo de la velada, todas estas son ejemplos de las actividades que la mujer quisiera llevar a cabo antes de tener relaciones sexuales. Técnicamente, ella pudiera estar dispuesta a hacer el amor si su esposo hace cualquier cosa que demuestre su amor por ella, como lavar y secar los platos después de la cena para que ella pueda descansar un rato. Pero ya que todas las mujeres son diferentes y por supuesto, yo no sé cómo es usted, dele a su esposo una respuesta sincera que reflejaría la manera en que usted preferiría que hicieran el amor.

Al haber llegado a esta etapa de las negociaciones entre ustedes, sus perspectivas distintas acerca de cómo deben tener relaciones sexuales los ayudarán a entender por qué han estado teniendo conflictos en torno al sexo. Pienso que entenderán lo que quiero decir cuando afirmo que el sexo generalmente es un "acto" para el esposo y un "evento" para la esposa.

Teniendo perspectivas que difieren tanto, ¿cómo se puede esperar que un esposo y una esposa lleguen a un acuerdo entusiasta acerca de cómo y con qué frecuencia hacer el amor? El tener relaciones sexuales a la manera de él la hace sentir a ella como un receptáculo, un objeto que él utiliza sólo para satisfacer sus ansias sexuales. El tener relaciones sexuales de la manera de ella lo hace sentir a él que es prácticamente imposible tener las relaciones frecuentes que él necesita debido a las condiciones que ella le impone.

Sin querer caer en la redundancia, tenga en mente que estoy consciente que tanto los esposos como las esposas buscan el placer sexual y también la intimidad cuando hacen el amor. De hecho, hay algunos hombres que ansían la intimidad más que su esposa, y algunas esposas que ansían el placer sexual más que su esposo. Pero me parece que es útil saber que por lo general los esposos y las esposas tienen un concepto muy diferente del propósito primordial de las relaciones sexuales y cómo estas se deben expresar. Una vez que entiendan esta diferencia, estarán listos para encontrar la manera de aumentar la frecuencia de sus relaciones sexuales por mutuo acuerdo.

Cómo hacer el amor más frecuentemente y apasionadamente

Después que ambos hayan contestado las preguntas de por qué y cómo deben tener relaciones sexuales, estarán listos para entablar una sesión de tormenta de ideas para tratar de encontrar una resolución al conflicto que se ha planteado. Si el tema tiene que ver con tener relaciones sexuales más frecuentemente y/o mejorar la satisfacción sexual, por lo general recomiendo que la pareja piense de maneras en que los actos sexuales se vuelvan eventos sexuales.

En mi libro *Lo que él necesita, lo que ella necesita*, empiezo el capítulo sobre el afecto con la observación que cuando el hombre crea un ambiente de afecto (afecto durante todo el día), está creando las condiciones que hacen que el sexo sea un evento para su esposa. Esto incluye la conversación íntima. Si el afecto y la conversación de él la ayudan a sentirse vinculada a él emocionalmente, el sexo añade una importante dimensión a la intimidad.

Una tarea que les encargo a las parejas que tienen conflictos en torno a la frecuencia de las relaciones sexuales es que pasen tres horas mostrándose afecto y teniendo una conversación íntima antes de tener relaciones sexuales. La mayoría de los hombres que no han aprendido a crear un ambiente de afecto para su esposa sienten al principio que es demasiado trabajo hacerlo porque no están acostumbrados a satisfacer las necesidades emocionales de su esposa. Pero después de haberlo practicado por un tiempo y haberse acostumbrado, encuentran que ya no les cuesta ser afectuosos y conversadores. Más bien, llega a ser algo que fluye naturalmente. En vez de pensar en ello como un requisito para el sexo, llegan a considerarlo como algo esencial en su relación.

Cuando el esposo satisface la necesidad de la esposa de afecto y conversación íntima, ella encuentra mucho más fácil satisfacer la necesidad de él de satisfacción sexual. Por supuesto que lo contrario también es cierto. Mientras más ella satisface la necesidad de satisfacción sexual de él, más fácil es para él satisfacer las necesidades emocionales de ella en cuanto a afecto y conversación íntima.

He escrito una regla para las parejas que los ayuda a hacer depósitos enormes en el banco del amor de su cónyuge. También las ayuda a convertir actos sexuales en eventos sexuales. Lo llamo la "Estrategia de la atención completa". *Dele a su cónyuge su atención completa un mínimo de quince horas cada semana, usando este tiempo para satisfacer las necesidades emocionales uno del otro en cuanto a afecto, conversación íntima, satisfacción sexual y compañerismo recreacional.* Las parejas que siguen esta regla logran aumentar la frecuencia de sus relaciones sexuales de mutuo acuerdo entusiasta porque el sexo llega a ser satisfactorio para ambos. Generalmente programan una cita de cuatro horas cuatro veces a la semana durante las cuales las cuatro necesidades emocionales son satisfechas. Podrá encontrar más información acerca de cómo lograr que ambos sientan el mismo entusiasmo por las relaciones sexuales en mi libro *Lo que él necesita, lo que ella necesita,* (capítulo 4: Satisfacción sexual).

Problemas especiales con el sexo

El hacerle el amor a alguien que uno ama profundamente y que lo ama a uno profundamente es una de las experiencias más placenteras y gratificantes de la vida. Pero muchos cónyuges, sobre todo las esposas, encuentran que lo que debería ser placentero llega a ser una pesadilla. Al principio del matrimonio, la perspectiva del esposo en cuanto al sexo prevalece sobre la perspectiva de ella, y él la obliga a tener relaciones según las exigencias de él. Al cumplir con las exigencias de su esposo, la esposa empieza a pensar en el sexo como una experiencia degradante y a veces dolorosa. En vez de ser una manera en que él le expresa a ella su amor, el acto sexual llega a ser uno de sus actos más egoístas. A la larga, llega a ser lo que ella menos quisiera hacer con su esposo. Ha desarrollado una aversión al sexo.

En estos casos, ayudo a la esposa a superar su aversión sexual antes de animarla a tener relaciones sexuales con su esposo. La ayudo a asociar el sexo con el amor y el consuelo en vez del egoísmo y el temor. Después que haya vencido esta aversión, su esposo debe aprender a hacerle el amor de una manera que le exprese su cariño. El afecto y la conversación íntima proveen un ambiente grato, y a esto le siguen una secuencia de toques que la satisfacen a ella personalmente y que ayudan a liberar la excitación sexual. Ella también descubre posiciones y movimientos que crean el más intenso placer. Después que su esposo aprende a hacerle el amor de una manera que le agrade a ella sexualmente y emocionalmente, ella estará lista para negociar con él en cuanto a tener relaciones sexuales más frecuentemente.

Un problema relacionado con esto que experimentan algunas mujeres es el dolor durante el coito causado por el vaginismo, un espasmo muscular que cierra la apertura de la vagina. Generalmente, eso se debe originalmente a una infección vaginal por hongos, pero también hay muchas otras posibles causas. La manera de sanar este mal es estimular suavemente la apertura vaginal sin desencadenar este reflejo. Por lo general, el problema se puede resolver en unas cuantas semanas, haciendo ejercicios diarios donde se introducen lentamente objetos lubricados cada vez más grandes en la apertura vaginal.

El tratar de tener relaciones sexuales cuando estas son dolorosas sólo empeorará la situación. Esto fortalecerá el reflejo muscular doloroso hasta que sea imposible tolerarlo. Por otra parte, aun si usted experimenta el vaginismo de vez en cuando, cuando los cónyuges siguen la estrategia del mutuo acuerdo en lo que concierne las relaciones sexuales, podrán sobreponerse a este mal de la manera correcta. La consideración es la solución a la mayoría de los problemas matrimoniales.

Otro problema que enfrentan las parejas al tratar de resolver los conflictos en torno al sexo es su tendencia a discutir. Las esposas comentan a menudo que las discusiones pueden echar a perder el tiempo que se ha dedicado al afecto y a la conversación. Las discusiones son lo opuesto del afecto y la conversación íntima. Aunque esto les suene lógico a la mayoría de las mujeres, muchas veces los hombres no parecen entenderlo. El hombre espera que su esposa esté receptiva sexualmente a pesar de cualquier discusión que hayan acabado de tener, porque esta es la manera en que él reaccionaría. Una discusión no necesariamente hace menguar las ansias sexuales de un hombre, pero para una mujer crea un distanciamiento emocional que echa a perder su deseo de estrechar sus lazos afectivos con su esposo mediante las relaciones sexuales. He escrito por años que el discutir en el matrimonio debería evitarse a toda costa. Pero esto se aplica aun más si los cónyuges desean hacer el amor con más frecuencia.

Cada matrimonio es único, de modo que posiblemente parte de lo que he escrito no se aplique a usted. A veces es la esposa la que desea tener relaciones sexuales más frecuentemente. En este caso, es posible que el esposo haya perdido sus ansias de tener relaciones debido a niveles bajos de testosterona. En estos casos, la solución es que el esposo visite a su médico, quien le puede recetar algo para subirle los niveles de testosterona. O puede ser que su esposa ha hecho que el sexo sea tan desagradable para él que ha desarrollado una aversión. La recomendación que les hago a las esposas con una aversión al sexo también funciona para los esposos.

La inexperiencia sexual también puede crear conflictos en torno a las relaciones sexuales en el matrimonio. El que una pareja, o simplemente uno de los cónyuges, empiece el matrimonio sin saber cómo tener una experiencia sexual completa con las cinco etapas (disponibilidad, excitación, nivel estable, clímax y recuperación) puede crear un desastre en la luna de miel. Las hojas de trabajo en *Five Steps to Romantic Love* [Cinco pasos para lograr el amor romántico] pueden ayudar a las parejas a tener la experiencia que necesitan para entender a plenitud su respuesta sexual y la de su cónyuge. Este entendimiento es indispensable para el matrimonio.

Cuando les sugerí recientemente a una pareja que se entrenaran en lo sexual, la esposa me dijo que no quería ser parte de una "prueba científica". Le parecía que si ellos dos hacían buena pareja, no deberían tener que aprender a disfrutar del sexo uno con otro; sus relaciones sexuales deberían fluir naturalmente. Por una parte, tiene razón. Una pareja enamorada encuentra que su respuesta sexual uno hacia el otro es tan fuerte que no tienen que hacer mucho para llegar a cada etapa de la experiencia sexual. Pero cuando uno o ambos cónyuges pierden ese sentimiento de amor, el entender su respuesta sexual de modo que puedan crearla cuando quieran, les da una gran ventaja para poder restaurar su amor. El tener una experiencia sexual positiva es una de las mejores maneras en que ambos pueden hacer depósitos masivos a la cuenta de banco del amor uno del otro.

Yo quisiera facilitarles lo que necesitarán en su matrimonio. Y estoy seguro que ambos querrán darle a su cónyuge lo que él (ella) necesita. Lo único que pudiera obstaculizar esto es si la pareja no entiende ni respeta la perspectiva de su cónyuge cuando surge un conflicto. El reconocer que la perspectiva de hombres y mujeres se complementan —es decir, que ambos tienen algo de verdad que debe ser tomado en cuenta al llegar a una resolución final entusiasta— los ayuda a encontrar soluciones que van más allá de lo que uno u otro hubiera encontrado solos. Juntos podrán tomar decisiones más sabias y satisfacer las necesidades de ambos de maneras más satisfactorias. Encontrarán que cuando hacen el amor de una manera que toma en cuenta la razón por la que ambos desean tener relaciones sexuales, las relaciones sexuales satisfarán completamente a ambos.

Repasemos...

1. Al conversar acerca de sus conflictos en torno al sexo, ¿se ha enojado con su cónyuge? ¿Lo ha tratado de manera exigente o irrespetuosa? ¿Ha usado excusas para tratar de justificar estas tácticas abusivas?
2. En vez de discutir acerca del sexo, ¿recurre usted a hacer lo que le parece correcto y luego esperar que su cónyuge se adapte? ¿Qué es lo más probable que ocurra cuándo un cónyuge obliga al otro a adaptarse a una decisión que no ha aceptado entusiastamente? Hablen acerca de cómo cualquier acto sexual fuera de su matrimonio (por ejemplo, la pornografía, la masturbación, etc.) afectan a ambos.
3. ¿Cuándo llega a destruir el amor una decisión acerca del sexo? ¿Sienten usted o su cónyuge

que tienen el derecho de tomar decisiones acerca del sexo independientemente de los intereses y los sentimientos del otro? ¿Está usted dispuesto a ceder ese derecho y seguir la estrategia del acuerdo mutuo por amor a su cónyuge?

4. Describan sus conflictos en torno al sexo lo más claramente posible y aprendan respetuosamente de las perspectivas uno del otro. Usen la estrategia del acuerdo mutuo y los cuatro pasos para lograr la negociación exitosa para tratar de resolver estos conflictos al crear una solución que ambos aceptan entusiastamente y están dispuestos a implementar. Las hojas en el cuaderno de ejercicios *Five Steps to Romantic Love* [Cinco pasos para lograr el amor romántico] posiblemente les ayuden a crear e implementar estas soluciones. Las hojas de ejercicios también apoyan el capítulo 4 con el título "Satisfacción sexual" de mi libro *Lo que él necesita, lo que ella necesita.*

Tercera parte
Problemas comunes que surgen al resolver problemas matrimoniales

Digamos que ustedes ya saben las reglas y están tratando de seguir el procedimiento que he recomendado. Sin embargo, todavía les está costando encontrar soluciones para ciertos conflictos. Esta sección tratará sobre algunas de las barreras comunes que enfrentan las parejas al tratar de encontrar soluciones beneficiosas para ambos, y dará recomendaciones para superar estas barreras.

13
Cómo negociar cuando está sensible emocionalmente

Usted ha tratado de evitar las discusiones porque sabe que en realidad no resuelven nada. Pero se disgusta tanto por la manera en que su cónyuge lo (la) trata o lo (la) ignora, que ya no puede más: estalla en ira. Y cuando trata de hablar de los problemas con su cónyuge, lo (la) altera aun más la manera en que reacciona su cónyuge.

¿Se encuentra usted en esta situación?

Es un círculo vicioso. Los problemas que usted enfrenta en su matrimonio lo perturban muchísimo. Tienen que resolverse ahora mismo. Usted ha tratado de comunicarle esta urgencia a su cónyuge, pero este no colabora con usted. Entonces, usted quebranta la regla primordial en cuanto a la negociación al ser exigente, faltarle el respeto a su cónyuge y enojarse. Con esto, logra captar la atención de su cónyuge, pero en vez de ver la urgencia de sus problemas, su cónyuge termina creyendo que nada de lo que ustedes hablan se podrá resolver de manera racional. Entonces, en vez de siquiera tratar de resolver sus problemas, su cónyuge hace caso omiso de ellos, lo cual a usted lo (la) trastorna.

La ventaja principal de ser sensible emocionalmente en el matrimonio es que los conflictos se hablan, aun si esto conlleve discusiones desagradables. Pero la desventaja es que los conflictos muy rara vez se resuelven. Y la manera en que una persona emotiva tiende a tratar de llamar la atención de su cónyuge produce retiros masivos de la cuenta del banco del amor del cónyuge. Los conflictos siguen, y el amor de ambos se desvanece. Entonces, ¿cómo puede esperar una persona emotiva tener un matrimonio saludable? ¿Cómo puede una persona así tener un matrimonio feliz cuando no parece poder resolver ninguno de sus conflictos?

Pues, ¡le tengo buenas noticias! Las personas emotivas sí pueden resolver sus conflictos matrimoniales. He visto a miles de personas así que han logrado tener un matrimonio exitoso. Pero la solución empieza con el entendimiento de que pueden aprender a hablar de sus problemas de manera calmada y racional. No importa qué tan emotivo usted haya sido en el pasado: puede aprender a enfocar los problemas de la vida con gracia y sabiduría.

Empiece su búsqueda por llegar a ser un negociador calmado y sabio entendiendo que para poder encontrar soluciones matrimoniales beneficiosas para ambos, es imprescindible que los cónyuges hablen de sus problemas de manera calmada y racional, buscando soluciones que complazcan a ambos cónyuges. El hacer exigencias, ser irrespetuosos o enojarse sólo impedirá que resuelvan su conflicto y destruirá el amor que se tienen.

Luego, entienda que usted es el único que puede controlar sus reacciones emocionales; nadie más lo puede hacer por usted. Y usted sí puede aprender a controlarse.

Por supuesto que su cónyuge puede ser exasperante. Tal vez él o ella no le esté proveyendo lo que usted necesita, y a veces dice y hace cosas que lo hieren profundamente. Pero la manera en que usted responde ante esta situación depende de usted. Nadie lo obliga a hacer exigencias, faltarle el respeto a su cónyuge o tener arranques de ira.

Detengámonos un momento para meditar en esto. Si usted no está de acuerdo con los dos planteamientos que acabo de hacer, no está listo para poner en práctica mi plan. Si usted no entiende que sus problemas sólo se resolverán si usted y su cónyuge hablan de ellos calmadamente, tratando de buscar soluciones convenientes para ambos, su estado de ánimo no le permitirá enfrentar los problemas que surgen en su matrimonio. Para resolver los problemas, es necesario que cada uno tome responsabilidad por sus propias reacciones emocionales sin culpar al cónyuge por sus arranques de ira.

Por lo tanto, el primer paso para encontrar soluciones en el matrimonio será aprender a mantener la calma en medio de la frustración.

Aprenda a relajarse

Los arranques de ira no son sino una de las posibles reacciones emocionales ante la frustración. No sólo he ayudado a entrenar a otros a eliminar completamente estos arranques, sino que también he aprendido a eliminarlos en mi propia vida. Cuando era joven, tenía muy mal genio, al igual que la mayoría de mis familiares. Pero cuando me di cuenta que mi ira era contraproducente y que nadie me obligaba a perder los estribos, me fijé la meta de eliminar completamente mis arranques de ira. A pesar de ciertas experiencias sumamente frustrantes que he tenido en mi vida, no he perdido los estribos en más de cincuenta años.

El procedimiento que recomiendo para vencer los arranques de ira es muy similar a la manera en que pueden controlarse la mayoría de las reacciones emocionales. Empieza con el darse cuenta que nadie lo obliga a usted a tener cierta reacción emocional. Ya sea un arranque de ira u otra reacción emocional, la reacción es suya, y usted es el único responsable de ella. Su cónyuge no puede controlar sus reacciones emocionales; sólo usted lo puede hacer.

La mayoría de las reacciones emocionales son similares neurológicamente. Un arranque de ira y un ataque de pánico tienen mucho en común, y la manera de sobreponerse a ambos es básicamente la misma.

Cuando enfrentamos una amenaza, peleamos o huimos. O bien enfrentamos la amenaza y la vencemos, o corremos a refugiarnos. Si usted pelea, tendrá una reacción iracunda; si huye, tendrá una reacción de ansiedad.

Por lo tanto, la mejor manera de controlar un arranque de ira o un ataque de pánico es reduciendo la cantidad de adrenalina en su torrente sanguíneo. Aunque hay muchas maneras dietéticas y médicas para ayudar a lograr este objetivo o prevenir que ocurra, una de las maneras más sencillas para controlar sus reacciones emocionales es aprender a relajarse, y hacerlo casi inmediatamente. Usted puede aprender a implementar técnicas de relajación eficaces en unos cuantos días si las practica con la suficiente frecuencia. Y si las practica mientras que está pensando en las situaciones más frustrantes que enfrenta, estará preparándose para la negociación eficaz.

Así como puede preparar su cuerpo para un maratón al entrenar su cuerpo a correr distancias cada vez más grandes, también puede entrenar su cerebro a enfocar las situaciones frustrantes mediante la inteligencia y no las emociones. Cada situación frustrante en la cual se encuentra es una oportunidad para entrenarse. Al relajarse en vez de atacar (o huir), usted crea la oportunidad de enfocar la situación reflexivamente.

Aunque la mayoría de nosotros sabemos si estamos tensos o relajados, para algunas personas la bioretroalimentación las puede ayudar a cuantificar sus esfuerzos. Un simple medidor de respuesta galvánica puede ser suficiente, y estos se pueden comprar por Internet. Además, muchas veces vienen con un disco compacto que enseña técnicas de relajación.

El propósito del entrenamiento de relajación usando un medidor de bioretroalimentación es aprender a relajarse bajo condiciones de alto estrés. Al principio, se aprende simplemente a hacer subir y bajar lo que marca el medidor al cambiar sus pensamientos. Cuando usted piensa en una situación desagradable que es estresante, lo que marca el medidor subirá. Cuando piensa en una situación agradable que no es estresante, lo que marca el medidor bajará. Después que usted haya aprendido a manipular el medidor por medio de tener pensamientos estresantes o no estresantes, su próximo reto es lograr que lo que marca el medidor se mantenga a un nivel bajo aun cuando está pensando en una situación estresante. Esto se logra al relajar de manera deliberada cada músculo del cuerpo, lo cual purga de su sistema toda la adrenalina. Con la práctica, aprenderá a relajarse en cuestión de segundos.

Cuando haya aprendido a relajarse estando solo, su próximo reto es mantener bajo lo que marca el medidor de bioretroalimentación mientras habla de un problema con su cónyuge. Al principio, pudiera parecer que su entrenamiento no le sirve de mucho cuando se aplica a las situaciones de la vida real. Pero con la práctica, usted aprenderá a mantenerse igual de relajado estando con su cónyuge que estando solo.

Al mantener baja la medida indicada por el medidor, está controlando sus reacciones emocionales y dándole a su cerebro la oportunidad de pensar en soluciones verdaderas a sus problemas. En cambio, cuando está sensible emocionalmente, su habilidad creativa disminuye grandemente, lo cual lo deja sin ideas productivas.

Si tanto usted como su cónyuge pueden garantizar que su conversación no los llevará a tener un arranque emocional, podrán ser mucho más creativos, y así encontrar soluciones mucho más fácilmente. Además, se sentirán mucho más cómodos al hablar de sus desacuerdos. Joyce y yo enfrentamos los conflictos a medida que surgen, y suele surgir por lo menos un conflicto cada hora que pasamos juntos. Obviamente, si no tratáramos con nuestros conflictos de la manera correcta, nuestra vida estaría llena de discusiones, o bien no estaríamos evitando los conflictos.

Al controlar nuestras reacciones emocionales, Joyce y yo seguimos el primer paso para lograr la negociación exitosa: hacer que la conversación sea amable y jovial. Hay que evitar hacer exigencias, ser irrespetuosos y enojarse. En otras palabras, hay que evitar ser sensible emocionalmente.

Si usted y su cónyuge no pueden controlar su reacción emocional, no podrán dar el segundo paso, que es entender el conflicto y sus posibles resoluciones desde el punto de vista del otro, teniendo un respeto profundo uno por el otro, lo cual es algo que falta cuando los cónyuges están sensibles emocionalmente.

Si no han dado este segundo paso, será imposible dar el tercer paso: entablar una sesión de tormenta de ideas con el fin de idear una solución que satisfaga a ambos.

Entonces, todo depende de saber controlar su reacción emocional. Si pueden aprender a relajarse y mantener a raya sus reacciones emocionales mientras hablan de sus conflictos matrimoniales, será mucho más fácil resolverlos. En cambio, si no logran controlar sus reacciones, sus problemas seguirán sin resolver. Es así de sencillo.

14
Cómo negociar cuando ninguno de los dos quiere sacar a relucir cierto tema

¿Hay problemas en su matrimonio que han estado enconándose durante años? ¿Ha perdido usted la esperanza de poder resolverlos porque nunca se hablan? ¿Tiene temor de mencionarlos?

La negociación exitosa en el matrimonio es una habilidad que debería enseñarse en la escuela, junto con la lectura, la escritura y la aritmética. Esto se debe a que una negociación exitosa da como resultado matrimonios felices, los cuales producen familias productivas, los cuales, a su vez hacen que toda nuestra cultura prospere.

Pero tristemente, la mayoría de las parejas no son buenos negociadores. Cuando surge un conflicto, discuten o bien esconden el conflicto bajo la alfombra.

Supóngase que usted y su cónyuge quieren tomar unas vacaciones, pero no logran ponerse de acuerdo en cuánto a dónde ir. Uno desea pasar una semana en un campamento a cuatro millas de donde viven, mientras que el otro preferiría pasar la semana en Orlando, visitando Disney World, SeaWorld y Universal Studios. Sus hijos todos han indicado que prefieren ir a Orlando. Ustedes no quieren discutir al respecto, pero no han aprendido a negociar. Por lo tanto, al evitar el tema y no hacer nada, es posible que simplemente no tomen vacaciones en ningún lugar.

Entonces para poder tomar las vacaciones, uno de ustedes decide ceder. Ustedes deciden ir de camping o visitar Orlando, dependiendo de cuál de los dos cede. A esto le he llamado la estrategia del sacrificio para resolver problemas matrimoniales. Es una manera de resolver un problema sin tener que hablarlo. Pero el que cede termina resentido. El que quiere ir a la Florida se sentirá infeliz yendo de camping, especialmente si llueve, y al que quiere ir de camping, no le alegrará ver a Mickey.

Muchas veces las parejas tratan con los conflictos en torno al sexo de la misma manera. Uno quiere tener relaciones sexuales más frecuentemente que el otro, de modo que uno termina sacrificándose, ya sea al acordar tener relaciones sexuales más a menudo de lo que quiere, o menos a menudo. De una u otra manera, el conflicto no se ventila, y termina habiendo resentimiento.

Por supuesto que en el caso que ambos se rehúsen a cambiar de opinión o siquiera negociar, siempre existe la opción de no ir de vacaciones a ningún sitio. Y si los cónyuges no están dispuestos a hablarse acerca del conflicto en torno a la frecuencia de las relaciones sexuales, pueden terminar no teniendo nunca relaciones. El resentimiento crece hasta tal punto que el que cede finalmente decide ya no ceder. La pareja no hace nada, ni siquiera discutir.

¿Esto describe la manera en que usted trata con los conflictos? ¿Finge usted que los conflictos no existen? Si hay muchos conflictos que usted y su cónyuge no han hablado, quiero animarle a que los ventile esta semana. He aquí una manera de hacerlo.

Escriba una carta

Lo dificultoso de hablar acerca de conflictos que han estado enterrados por años es que cuando se sacan a relucir, hay tantas emociones retenidas que han estado intensificándose por mucho tiempo que las emociones explotan. Muchas veces las exigencias, el irrespeto y la ira impiden que haya una resolución reflexiva e inteligente.

Recuerde que el primer paso para lograr la negociación exitosa en el matrimonio es hacer que la conversación sea segura y amena. Es posible que al tratar de hablar del problema, sus emociones lo agobien y simplemente no sea capaz de seguir adelante. Pero si negocia por escrito, aun si está temblando de ira al describir el problema, podrá corregir sus palabras iniciales si estas tienen una carga emotiva muy fuerte, y reescribir cualquier oración que su cónyuge interpretaría como exigente, irrespetuosa o iracunda.

Su carta debe empezar con una explicación de la razón por la que está expresando el problema por escrito en vez de hablarlo. Pudiera decir algo como lo siguiente:

Hola mi amor,

Sé que esto pudiera parecer una manera extraña para plantearte un problema, pero temo que pudiera tener dificultades para expresarme claramente si fuéramos a hablarlo. Entonces, te pido que me complazcas. Quisiera expresarte algo que ha estado molestándome para que podamos trabajar juntos para encontrar una solución. Es un problema que hemos tenido ya por bastante tiempo, pero creo que ambos hemos estado evitando tratarlo por diferentes razones. Tal vez podamos llegar a una resolución si lo tratamos por escrito.

La próxima parte de la carta debe decir cuál es el conflicto y expresar su perspectiva en cuánto a la manera en que se pudiera resolver. Como dije anteriormente, asegúrese de no escribir nada que suene exigente, irrespetuoso o iracundo.

El problema que quisiera que resolviéramos es que, desde mi punto de vista, no estamos haciendo el amor lo suficiente frecuentemente, y cuando hacemos el amor, no lo estamos haciendo de maneras que me satisfagan. Quisiera hacer el amor por lo menos dos veces a la semana, y antes de hacer el amor, quisiera que pasáramos tiempo conversando y mostrándonos afecto uno al otro. Me parece que pudiéramos hacer esto si apartáramos tiempo para estar juntos cada semana con este fin, como si tuviéramos una cita.

Después de mencionar el problema y decir cuál es su perspectiva, debe pedir la perspectiva de su cónyuge. ¿Qué opina él (ella) acerca del problema en sí y acerca de la solución que usted ha propuesto?

¿Qué piensas tú acerca de esto? ¿Te parece que no estamos haciendo el amor suficientemente a menudo y que no estamos haciendo el amor de maneras que te satisfacen? De ser así, ¿cómo te gustaría resolver este problema? O si es que tú estás contento(a) con la frecuencia de nuestras relaciones y encuentras que estamos haciendo el amor de maneras que te satisfacen, ¿podrías ayudarme con el problema que he estado teniendo? ¿Qué sugieres que pudiéramos hacer para satisfacer mi necesidad? Por favor, escríbeme una respuesta para que podamos empezar a resolver este problema juntos.

Estoy consciente de que esta carta suena muy formal y un tanto torpe. Pero lo que quiero señalar es que esta es una manera de sacar a relucir un problema que ha estado enterrado por demasiado tiempo.

Una vez que usted haya planteado el problema, su cónyuge responderá a su carta o hará caso omiso de ella. Empecemos por considerar maneras en que su cónyuge pudiera responder.

1. *Una respuesta proactiva.* Su cónyuge responde por escrito con empatía y creatividad. Él o ella le pide perdón por no haber satisfecho una necesidad tan importante y se muestra dispuesto a tratar lo que fuera

necesario para resolver el problema. Él o ella sugiere que planifiquen dos citas por semana durante las cuales empezarán pasando un tiempo a solas para conversar y mostrarse afecto. Luego al final de ese tiempo juntos, harían el amor. Se expresarían por carta sus reacciones a cada una de sus "citas" para poder mejorarlas. Si uno o el otro siente que deberían cambiar algo, se lo plantearían al otro por escrito sin hacer exigencias, ser irrespetuoso o enojarse. Cuando se llegan a sentir más confiados uno con el otro, podrían empezar a hablar del tema cara a cara.

2. Una respuesta defensiva. Su cónyuge no demora en escribirle, pero empieza la carta culpándolo a usted por el problema. Si tú no estuvieras tan ocupado, o si fueras un mejor amante, o si no fueras tan temperamental, etc., no tendríamos este problema. Aunque estos temas pudieran hablarse respetuosamente, su cónyuge los convierte en acusaciones irrespetuosas. Este tipo de reacción es la razón principal por la que no han solucionado el problema antes. Ustedes necesitan ayuda para saber cómo negociar. En su próxima carta, usted pudiera sugerir que lean juntos los primeros cinco capítulos de mi libro *Love Busters* [Acciones que destruyen el amor], el cual enseña a las parejas a evitar las exigencias, el irrespeto y la ira. Luego, cuando se hayan educado en cuanto a la manera de negociar de manera segura, podrán proceder a resolver sus problemas de manera proactiva.

3. No hay ninguna respuesta. De vez en cuando, cuando uno de mis clientes escribe este tipo de carta para poner las cosas en marcha, su cónyuge rompe la carta y la tira a la basura. O posiblemente, ni siquiera reconozcan haber recibido la carta. En casos como estos, generalmente recomiendo que se planifique tener una separación, pero que al mismo tiempo mi cliente vuelva a enviar la carta, usando palabras un poco diferentes, y mencionando el hecho de que es necesario enfrentar el problema. Un cónyuge que no está dispuesto a responder a varias cartas que expresan el mismo problema, se ha divorciado emocionalmente de su cónyuge. Él o ella ha quebrantado el voto que tomó de cuidar de su cónyuge, el cual es el propósito del matrimonio. Si los cónyuges pasan dos años separados sin que el otro cónyuge esté dispuesto a resolver los problemas de manera respetuosa e inteligente, el cónyuge abandonado generalmente llega a la conclusión de que él o ella ya no tiene un cónyuge y entabla una demanda de divorcio. A veces eso sacude al otro cónyuge y lo lleva a hacer algo, pero aun si el divorcio se da, el hecho que el otro cónyuge ya no estaba dispuesto a dar el amor y el cuidado que necesitaba su pareja, quiere decir que el matrimonio ya había terminado muchos años atrás. Pero en la mayoría de los casos, he encontrado que las parejas aprenden a hablar de sus problemas de manera eficaz al estar separados, y luego cuando vuelven a vivir juntos, se sienten satisfechos.

He aconsejado a muchas parejas retiradas que finalmente trataron con problemas que habían soportado durante la mayoría de su matrimonio. Están contentos de haber podido resolverlos, pero desearían haberlo hecho mucho antes. El estar ocupados criando a sus hijos y llevando su carrera los distrajo tanto que sus problemas quedaron sin resolverse.

No esconda sus problemas bajo la alfombra. Si ha tenido temor de traer a colación ciertos problemas en su matrimonio, haga un esfuerzo de sacarlos a relucir usando la carta que recomendé. Déles una prioridad alta a los conflictos que han estado causando problemas en su matrimonio. Si usted y su cónyuge se tratan con respeto mutuo, podrán resolverlos.

15
Cómo negociar cuando está indeciso

Una objeción que suelen hacer las parejas en cuanto a la estrategia del acuerdo mutuo es que esta deja a uno de los cónyuges languideciendo en un limbo, mientras que el otro está considerando detenidamente todas las posibles opciones. Esto se debe a que la postura por defecto de la estrategia del acuerdo mutuo es no hacer nada hasta que no se haya llegado a un acuerdo mutuo entusiasta. Y para la mayoría de los conflictos, el no hacer nada crea una situación en que ambos cónyuges salen perdiendo.

He encontrado que, con la práctica, cualquier pareja puede aprender a llegar a un acuerdo entusiasta cuando surge un conflicto. Pero reconozco que toma más práctica cuando uno de los cónyuges tiende a ser indeciso.

En promedio las mujeres tienden a ser más indecisas que los hombres. Si consideramos la abundancia de conexiones neurales en el cerebro femenino de los cuales hablamos anteriormente, esto no debe sorprendernos. Las mujeres definitivamente tienen más información que procesar. Y hay otro factor que contribuye a esta tendencia: las mujeres son más propensas a ser ansiosas que los hombres. Ciertas pruebas que miden las reacciones emocionales, tales como el Inventario Multifase de Minesota (Hathaway and McKinley), ajustan sus escalas para compensar las diferencias entre los niveles perceptibles de ansiedad en los hombres y las mujeres. Un resultado que se consideraría anormal para los hombres, se considera normal para las mujeres, lo cual muestra que las mujeres tienden a ser más ansiosas que los hombres.

Pero la ansiedad y la indecisión que esta acarrea no deben considerarse un defecto de carácter. Aunque pudiera frustrar a una persona que suele tomar decisiones de manera más impulsiva, la indecisión muchas veces puede impedir que la pareja tome decisiones imprudentes.

Cuando los esposos respetan la manera en que su cónyuge tiende a tomar decisiones, ya sea impulsivamente o de manera indecisa, y siguen negociando hasta que hayan llegado a un acuerdo entusiasta, pueden beneficiarse de lo mejor y evitar lo peor de ambos estilos. Es obvio que el tomar decisiones de manera impulsiva puede meter a un cónyuge en apuros. Pero si la indecisión deja al otro cónyuge paralizado, tampoco es bueno. Al animar a la persona impulsiva a apartar más tiempo para considerar otras opciones, e animar a la persona indecisa a poner en práctica ciertas opciones provisionalmente para ver cómo funcionan, ambos se beneficiarán.

¿En algún momento han tenido un conflicto en cuanto a escoger de qué color pintar las paredes de una habitación en su casa? Una persona impulsiva toma la decisión rápidamente e inmediatamente tiene la tela protectora y las brochas listas para usar. En cambio, la persona indecisa puede tardarse indefinidamente mirando muestras de colores y preguntándose cómo la luz afectará cada color a diferentes horas del día. ¿Uno de ustedes tiende a tomar decisiones apresuradas mientras que el otro espera hasta que haya considerado todas las opciones? ¿Cómo puede una pareja así llegar a un acuerdo entusiasta?

Si implementan los cuatro pasos para lograr la negociación exitosa regularmente, con la práctica verán que pueden tomar una decisión que tome en cuenta tanto la impulsividad como la indecisión. Aprenderán a no tomar decisiones apresuradas al considerar detenidamente las perspectivas de la otra persona. Pero también aprenderán a no caer en la indecisión al tomar por lo menos decisiones provisionales sin demorarse demasiado. Aprenderán a poner en práctica una posible solución de manera provisional antes de llegar a un acuerdo definitivo. Estas lecciones importantes se aprenden a medida que ambos llegan a entenderse y respetarse.

Y hay que recordar una salvedad muy importante. Si cierta resolución no resulta ser tan provechosa como ambos esperaban, los cónyuges deben volver a entablar una sesión de tormenta de ideas. Si escogen un color para las paredes de una habitación y a uno de los cónyuges le parece que no quedó como esperaba, no duden en pintar las paredes de otro color. El saber que una decisión mala puede corregirse les facilita a las personas indecisas tomar riesgos.

Al poner en práctica estos pasos, las personas impulsivas aprenden que el tardarse más en tomar una decisión tiene sus ventajas. A su vez, las personas indecisas aprenden que si se implementa una opción provisionalmente, no es desastroso si esta no funciona bien. Muy pocas decisiones en la vida tienen que ser fijas. Casi todas ellas pueden ser modificadas para que se adapten más al gusto de los cónyuges.

En el momento de surgir un conflicto, cuando hablen del tema, los cónyuges deben fijar una fecha para la cual tomarán una decisión provisional. Es reconfortante saber que por lo menos están abordando el conflicto. Cuando se fija una fecha para implementar ciertas resoluciones provisionales, los cónyuges podrán dejar que fluya su creatividad.

Cuando los cónyuges toman una decisión que ambos han aceptado de manera entusiasta, generalmente se mantendrá vigente por bastante tiempo. Esto se debe a que es una decisión que satisface a ambos. De esta manera, encontrarán que ya no volverán a tener un conflicto sobre este tema. Por supuesto que si uno de los cónyuges tiende a ser indeciso, puede ser que la pareja tarde más en tomar la decisión. Pero una vez que la hayan tomado mediante un acuerdo mutuo entusiasta, el problema queda resuelto y la decisión afirma su amor uno por el otro.

16
Cómo negociar cuando uno de los cónyuges no quiere hacer nada

La postura por defecto de la estrategia del acuerdo mutuo es no hacer nada. Cuando surge un conflicto en torno a lo que deben hacer los cónyuges, y todavía no han encontrado una solución donde ambos se benefician, no deben hacer nada hasta que hayan llegado a un acuerdo entusiasta.

Pero, ¿qué significa el "no hacer nada"? ¿Deben los cónyuges seguir haciendo lo que estaban haciendo, o deben dejar de hacerlo? Por ejemplo, si Joyce siente que la velocidad a la cual manejo la pone nerviosa y ella quisiera que yo manejara más lentamente, ¿debo seguir manejando a la velocidad a la cual he estado manejando hasta que hayamos llegado a un acuerdo entusiasta? Después de todo, si yo fuera a disminuir la velocidad a la cual manejo para que ella esté cómoda, estaría haciendo lo que ella desea que haga, lo cual es una situación donde no me estoy beneficiando. En este ejemplo, el no hacer nada significa salirme de la vía, detener el auto y hablar acerca del conflicto hasta llegar a un acuerdo entusiasta.

Obviamente, la postura por defecto no es la solución a los conflictos. De hecho, a veces es peor que seguir haciendo la acción que está molestando al otro cónyuge. Su propósito no es resolver el conflicto, sino más bien obligar a la pareja a tomarse el tiempo de resolverlo de la manera correcta una vez por todas.

Pero, ¿qué si el no hacer nada es precisamente el resultado definitivo que desea su cónyuge? En este caso, es obvio que esta solución beneficia sólo beneficia a uno de los cónyuges.

Este problema surge muchas veces cuando hay que tomar decisiones financieras. Puede ser que el esposo quiere comprar aparejos de pesca nuevos y la esposa no está de acuerdo. Al aplicar la postura por defecto de la estrategia del acuerdo mutuo, la pareja se abstiene de comprar los aparejos, y el esposo pierde. O tal vez la esposa quiere comprar mochilas nuevas para los niños, pero al esposo le parece que las mochilas del año pasado todavía sirven. Las mochilas no se compran este año; el esposo gana y la esposa pierde.

Para evitar estos dilemas molestosos, animo a los cónyuges a dar prioridad a los conflictos no resueltos hasta poder llegar a un acuerdo entusiasta. En otras palabras, ninguno de los cónyuges debe aceptar no hacer nada.

La destreza y la buena voluntad ayudan a llevar adelante la negociación

La razón principal por la cual las parejas evitan hablar de los conflictos es que estas conversaciones rara vez tienen buenos resultados; generalmente, terminan siendo discusiones. Pero si han estado poniendo en práctica los cuatro pasos para lograr una negociación exitosa, estarán aprendiendo a hacer que estas conversaciones sean amables y seguras. También encontrarán que se les está haciendo más fácil resolver los conflictos mediante un acuerdo entusiasta. Esto hace que sea más fácil mencionar los conflictos cuando surgen.

Es posible que todavía no se sientan cómodos resolviendo conflictos que tienen una carga emotiva muy fuerte, pero a medida que van resolviendo conflictos menores, su destreza irá desarrollándose hasta el punto de poder resolver cualquier conflicto.

Pero además de desarrollar destrezas en cuanto la negociación, probablemente habrán notado que también está aumentando la buena voluntad entre ustedes. Esto se debe a que el ser negociadores exitosos requiere que se entiendan mejor. El asegurarse de que ambos estén satisfechos los lleva a velar uno por el otro.

Lo que distingue a un buen negociador es el que tenga buena voluntad hacia la persona con quien está negociando. Una de las razones por las que Joyce y yo tratamos tan bien con los conflictos es que queremos encontrar soluciones que nos hacen felices a ambos. No podemos estar tranquilos sabiendo que el otro está insatisfecho. Si el no hacer nada incomoda a uno u otro, apartamos el tiempo para trabajar juntos para arreglar el problema. Es así que se comportan los negociadores exitosos.

Si ustedes llegan a ser negociadores exitosos, habrán desarrollado buena voluntad uno hacia el otro. Encontrarán que ya no están dispuestos a conformarse con una resolución a medias. Se esforzarán por seguir negociando hasta que hayan encontrado una solución que le place a ambos.

Por lo tanto, si uno de ustedes está dispuesto a conformarse con la postura por defecto de la estrategia del acuerdo mutuo sabiendo que el otro está insatisfecho, quiere decir que todavía no han llegado a ser buenos negociadores. Deben seguir esforzándose por llegar a un acuerdo entusiasta cuando tengan conflictos pequeños, aprendiendo así a llegar a soluciones que benefician a ambos y no sólo a uno de los cónyuges. A medida que llegan a tener más destreza, aumentará la buena voluntad que sienten uno hacia el otro y estarán menos dispuestos a conformarse con un resultado que disgusta a uno o el otro.

Como ocurre con todos los conflictos matrimoniales que no se resuelven dentro de un período de tiempo razonable, cuando la pareja no halla ninguna solución a su problema, a veces es útil recibir ideas creativas de otras fuentes. Una posibilidad sería consultar con un experto para encontrar soluciones a ciertos conflictos matrimoniales específicos. Casi diariamente se me pide que ayude a las parejas a encontrar una solución a su conflicto que ambos encuentran aceptable. Al dar mi respuesta, trato de explicar a las parejas las razones por las cuales les beneficiaría seguir mi recomendación.

Otra fuente valiosa de soluciones creativas es el foro Marriage Builders* [Cosas que edifican el matrimonio] que se encuentra en el sitio Web MarriageBuilders.com. Miles de personas se han unido a esta comunidad para ayudar a las parejas a encontrar resoluciones a sus conflictos que benefician a ambos, y es completamente gratis. Muchas de estas personas han llegado a ser expertos en resolver todo tipo de conflictos matrimoniales.

Mientras más llegan a entender lo importante que es encontrar soluciones que benefician a ambos, y mientras más diestros llegan a ser en cuanto a encontrar estas soluciones, más unidos se sentirán. Si ambos desean que el otro sea feliz, no estarán dispuestos a que uno quede insatisfecho permanentemente. Por lo tanto, rechazarán las soluciones que no satisfacen a ambos, incluso la postura por defecto de la estrategia del acuerdo mutuo, que es no hacer nada.

17
Cómo negociar cuando no siente entusiasmo por nada

Como psicólogo clínico, he sido entrenado para ayudar a las personas que están sufriendo de depresión. Estas son personas que no disfrutan de la vida, sino que se sienten tristes. Les cuesta mucho encontrar algo que les cause entusiasmo. ¿Es así que se sienten usted o su cónyuge? De ser así, ¿significaría que ustedes no son capaces de ser negociadores?

Una de las razones por las que exijo que los cónyuges lleguen a un acuerdo mutuo "entusiasta" es para evitar el acuerdo renuente. No quiero que las parejas se conformen con situaciones en que uno de los cónyuges se siente presionado u obligado a llegar a un acuerdo. Cuando esto ocurre, aunque los cónyuges han llegado a un acuerdo, no es un acuerdo que beneficia a ambos. Quiero que las parejas insistan en llegar a acuerdos que hacen felices a ambos. Son estas decisiones que generan depósitos cuantiosos en el banco del amor del cónyuge. Cuando los cónyuges toman decisiones que benefician a ambos, es más probable que sigan enamorados y que no estén deprimidos, según han observado los psicólogos. Mientras más decisiones beneficiosas toma una persona, más contenta suele ser (con tal de que tales decisiones no perjudiquen a su pareja). En cambio, cuando las personas toman decisiones renuentes, tienden a deprimirse.

He sido testigo de que cuando se acepta un acuerdo renuente, por lo menos uno de los cónyuges termina sintiéndose deprimido e incapaz de sentir entusiasmo en su vida. Y cuando uno de los cónyuges está deprimido, el acuerdo renuente parece ser su única opción, ya que rara vez sienten entusiasmo por algo.

¿Cómo debe hacer una pareja para romper este patrón?

Antes de contestar esta pregunta, permítame resumir lo que es la depresión desde el punto de vista clínico.

Empezaré con la definición: la depresión es un sentimiento de tristeza que generalmente se debe a un sentimiento de pérdida irreparable. Una persona deprimida se siente incapaz de ser feliz porque ha perdido lo que le hubiera dado satisfacción. Sin esto, le parece que nunca podrá ser feliz.

En algunas situaciones, es razonable sentirse deprimido después de una pérdida irreparable. La muerte de un ser querido es un ejemplo común. Los problemas de salud que llevarán a una muerte dolorosa es otro. Un ejemplo de depresión en el matrimonio es cuando uno de los cónyuges ha tenido una aventura amorosa. Aun si el cónyuge infiel quiere poner fin a la aventura amorosa y restaurar su matrimonio, el cónyuge traicionado a menudo siente que será imposible recuperar su confianza en el cónyuge infiel. Y si no hay confianza, nunca podrán volver a tener un matrimonio feliz.

Sin embargo, aun en casos donde la pérdida es catastrófica, la mayoría de las personas encuentran felicidad en otra cosa. En otras palabras, en la mayoría de los casos, la depresión no es permanente. Las personas muchas veces se sobreponen a sus sentimientos depresivos y llegan a ser felices.

Hay un elemento de verdad y también un elemento irracional en las personas deprimidas. Es cierto que tal vez hayan perdido algo que las hacía felices, pero no es cierto que nunca más podrán ser felices sin ello. Y esto me lleva al próximo punto: los dos tipos de depresión: la endógena y la situacional. La depresión *endógena* tiene una causa psicológica que no se basa en una razón racional. No pareciera haber ninguna pérdida verdadera. En cambio, la depresión *situacional* se debe principalmente a factores donde la razón es muy aparente.

Casi todos los casos de depresión que he tratado durante mi carrera han sido casos de depresión situacional. Cuando descubro las condiciones que causan la depresión y ayudo a la persona a cambiarlas, la depresión generalmente desaparece.

Pero también estoy enterado de la fisiología de la depresión: el factor endógeno. Una pérdida tiende a desencadenar eventos neurofisiológicos que empeoran la situación. Crean un sentimiento de depresión que hace que la persona se sienta incapaz de encontrar soluciones a su problema. Por lo tanto, generalmente recomiendo que la persona deprimida tome un medicamento antidepresivo para contrarrestar estas reacciones neurofisiológicas contraproducentes. Esto la ayuda a sentirse más optimista en cuanto a cambios que necesita hacer en su estilo de vida, y la ayuda a implementar estos cambios.

Si no toma un antidepresivo, la persona que tiende a deprimirse también tiende a tomar decisiones renuentes que ayudan a sustentar su estilo de vida deprimente. En cuanto la ayudo a eliminar una condición desagradable en su vida y reemplazarla con algo mejor, toma una decisión que hace que una nueva condición desagradable surja en su vida. La solución a su problema es dejar de tomar decisiones renuentes y tratar de tomar todas las decisiones entusiastas que puedan. Sin embargo, si están deprimidos, no se dan cuenta que existen estas alternativas.

Como acabo de mencionar, este patrón es muy autodestructivo. Si la persona cree que no puede tener entusiasmo por nada, tenderá a conformarse con acuerdos renuentes que tenderán a deprimirla. Si está deprimida, creerá que no puede tener entusiasmo por nada.

¿Y ahora qué?

Entonces, a la luz de este análisis, ¿cómo debe una pareja negociar cuando por lo menos uno de los cónyuges no siente mucho entusiasmo por nada?

En primer lugar, si una persona no tiene entusiasmo, es probable que esté sufriendo de depresión clínica. La depresión es el trastorno mental más común, y los tratamientos para la depresión generalmente tienen mucho éxito. Entonces, si usted sufre de depresión, debe verse con un psicólogo clínico o psiquiatra que se especializa en tratar la depresión. Si el terapista está capacitado, le recomendará que tome un antidepresivo para ayudarle a sentir más optimismo en cuanto a realizar cambios positivos en su estilo de vida. Luego el terapista trabajará con usted para ayudarle a hacer estos cambios. Cuando los haya hecho, ya no tendrá que tomar el medicamento porque su depresión se habrá disipado.

En segundo lugar, después de haber vencido la depresión, debe empezar a tomar decisiones según la estrategia del acuerdo mutuo. Al sentirse más optimista en cuanto a encontrar soluciones a los conflictos en su matrimonio que beneficien a ambos cónyuges, tendrá más creatividad, y podrá regirse por la estrategia del acuerdo mutuo.

Considere por un momento cómo su depresión ha estado afectando su banco del amor. Ya que la depresión lo hace sentir mal la mayoría del tiempo, por mucho que se esfuerce su cónyuge para satisfacer sus necesidades, no logrará hacer depósitos en su banco del amor. En otras palabras, su depresión hará que le sea casi imposible estar enamorado de su cónyuge. El éxito de su matrimonio depende de su habilidad de estar feliz, es decir, de sentir entusiasmo en cuanto a su estilo de vida. Entonces, si usted ha estado sufriendo de depresión crónica, hágase a usted y a su cónyuge un gran favor, y vaya a tratarse con un terapista profesional.

18
Poniendo a funcionar sus habilidades

Si usted ha leído este libro hasta este punto y ha puesto en práctica los consejos que he dado, habrá visto lo eficaz que puede ser la negociación. Se estará acostumbrando a tomar decisiones que benefician a ambos cónyuges cada vez que surge un conflicto matrimonial, así como lo hacemos Joyce y yo. Está encaminado a tener un matrimonio muy feliz y lleno de pasión.

Pero si ha leído este libro sólo para ver lo que recomiendo, y no ha empezado aún a tomar decisiones que entusiasman a ambos, probablemente haya tenido bastantes conflictos importantes a lo largo de los años que necesitan su atención inmediata. Tal vez sienta que será imposible resolver estos conflictos, y que usted y su cónyuge ya no son compatibles ya que se han alejado tanto. Es posible que el amor que se tenían en algún momento ya no sea sino un recuerdo lejano. Tal vez le parezca que mi plan para la negociación matrimonial está llegando demasiado tarde para salvar su matrimonio.

Si usted se siente así, quiero animarle a darle una oportunidad al plan que he planteado y no darse por vencido. No deje de creer que su matrimonio puede llegar a ser todo lo que siempre ha deseado que fuera. Ha sido mi experiencia al ayudar a miles de parejas a aprender a negociar, que un matrimonio como el que acabo de describir todavía puede arreglarse. Cualquier pareja puede aprender a llegar a un acuerdo entusiasta acerca de casi todo.

Hay muy pocas parejas que empiezan su matrimonio teniendo la destreza para negociar eficazmente, y la mayoría de las parejas viven toda una vida sin desarrollar esta destreza. A medida que nuevos conflictos aparecen en su vida a diario y se acumulan porque no se han resuelto, a la larga llegan a la conclusión de que son completamente incompatibles.

Si pudiera hacerlo, exigiría que todo estudiante de secundaria tomara una clase acerca de cómo encontrar soluciones a los conflictos matrimoniales que benefician a ambos cónyuges, ya que esto ayudaría a crear matrimonios sólidos. Si se ofreciera esta clase, todos los estudiantes estarían de acuerdo en que las destrezas aprendidas serían las destrezas más valiosas que habrían aprendido.

Pero es una destreza que hay que aprender fuera de nuestro sistema educacional. Y no es demasiado tarde para que usted y su cónyuge la aprendan. Entonces, si no han estado poniendo en práctica la estrategia del acuerdo mutuo y los cuatro pasos para lograr la negociación exitosa al enfrentarse a los conflictos matrimoniales, empiecen a hacerlo hoy.

No se conformen con un matrimonio desprovisto de amor y pasión cuando lo único que hay que hacer para restaurar su amor es aprender a resolver sus conflictos de una manera que hace felices a ambos. Por supuesto que necesitarán desarrollar la destreza necesaria para negociar uno con el otro, y que tendrán que ejercitarse para hacerlo. Pero una vez que hayan desarrollado esta destreza, podrán tener el tipo de matrimonio que siempre soñaban tener, y también podrán enseñar a sus hijos cómo hacer para tener un matrimonio feliz.

Apéndice A: Hoja de trabajo sobre la negociación matrimonial

Paso # 1: Establezcan reglas de base

Regla #1: Traten de ser amables y joviales durante toda la conversación.

Regla #2: Lo más importante es que ambos se sientan seguros. No hagan exigencias, no muestren una falta de respeto y no se enojen al negociar.

Regla #3: Si llegan a un punto muerto donde parecen no poder avanzar, o si una de las partes empieza a hacer exigencias, mostrar una falta de respeto o enojarse, dejen de negociar y hablen del asunto en otro momento.

Paso # 2: Identifiquen el problema e examinen la perspectiva uno del otro.

El problema:

La perspectiva de usted:

La perspectiva de su cónyuge:

Paso # 3: Lleven a cabo una sesión de tormenta de ideas para encontrar posibles soluciones.

Paso # 4a: Escojan una solución que satisfaga las condiciones de la estrategia del mutuo acuerdo, y pónganla en práctica provisionalmente durante una semana.

Paso # 4b: Evalúen la eficacia de la solución que escogieron y a) vuelvan al paso #3 y escojan otra solución si fuera necesario, o b) sigan implementando la solución actual.

Apéndice B
Cuestionario sobre las necesidades emocionales

Nombre ______________________ Fecha_______________

Este cuestionario está destinado a ayudarle a determinar sus necesidades emocionales más importantes y evaluar la eficacia con la cual su cónyuge está satisfaciendo estas necesidades. Conteste todas las preguntas lo más sinceramente posible. No trate de minimizar alguna necesidad que le parece que no ha sido satisfecha. Si sus respuestas requieren de más espacio, use una hoja de papel por separado para contestar, y adjúntela.

Su cónyuge debe completar su propio cuestionario para que usted pueda descubrir las necesidades de él o ella y evaluar la eficacia con la cual usted las está satisfaciendo.

Después de completar el cuestionario, vuelva a leer lo que escribió para asegurarse de que sus respuestas reflejen con exactitud sus sentimientos. No borre sus respuestas originales, sino táchelas suavemente para que su cónyuge pueda ver las correcciones y conversar con usted sobre ellas.

En la hoja final de este cuestionario se le pide que identifique cinco de las diez necesidades y las escriba en su orden de importancia para usted. Sus necesidades emocionales son aquellas que le proporcionan más gozo cuando son satisfechas y que lo frustran más cuando no son satisfechas. Resístase a la tentación de identificar sólo las necesidades que su cónyuge no está satisfaciendo actualmente como las más importantes. Al decidir cuáles son sus necesidades emocionales más importantes, considere todas sus necesidades emocionales.

Tiene el permiso de la editorial para fotocopiar este cuestionario, ampliándolo si fuera necesario, para su uso personal, con el fin de mejorar su matrimonio.

1. Afecto. La expresión no sexual del amor a través de palabras, tarjetas, regalos, abrazos, besos y cortesías; el crear un ambiente que claramente y repetidamente expresa el amor.

A. Necesidad de afecto: Indique cuánto necesita usted el afecto al trazar un círculo alrededor del número apropiado.

0 1 2 3 4 5 6

No tengo ninguna necesidad de afecto — Tengo una necesidad moderada de afecto — Tengo una gran necesidad de afecto

Si o cuando su cónyuge *no* le muestra afecto, ¿cómo se siente? (Trace un círculo alrededor de la letra apropiada.)

a. Muy descontento
b. Ni contento ni descontento
c. Algo descontento
d. Contento de que no me muestre afecto

Si o cuando su cónyuge le muestra afecto, ¿cómo se siente? (Trace un círculo alrededor de la letra apropiada.)

a. Muy contento
b. Ni contento ni descontento
c. Algo contento
d. Descontento de que me muestre afecto

B. Evaluación del afecto de su cónyuge: Indique su satisfacción con el afecto que le muestra su cónyuge al trazar un círculo alrededor del número apropiado.

-3	-2	-1	0	1	2	3
Estoy sumamente insatisfecho			No estoy ni satisfecho ni insatisfecho			Estoy sumamente satisfecho

Mi cónyuge me da todo el afecto que necesito. ☐ Si ☐ No

Si su respuesta es "no", ¿con qué frecuencia quisiera que su cónyuge le mostrara afecto?

________ (escriba el número de veces al día/a la semana/al mes) (indique trazando un círculo).

Me gusta la manera en que mi cónyuge me muestra afecto. ☐ Sí ☐ No

Si su respuesta es "no", explique cómo su necesidad de afecto pudiera ser más satisfecha en su matrimonio.

____

____

____

____

2. **Satisfacción sexual.** Una experiencia sexual que es placentera y suficientemente frecuente para usted.

   A. **Necesidad de satisfacción sexual**: Indique cuánto necesita la satisfacción sexual al trazar un círculo alrededor del número apropiado.

0	1	2	3	4	5	6

No necesito ninguna satisfacción sexual — Tengo una necesidad de satisfacción sexual moderada — Tengo una gran necesidad de satisfacción sexual

Si o cuando, su cónyuge *no* está dispuesto a tener relaciones sexuales con usted, ¿cómo se siente? (Trace un círculo alrededor de la letra apropiada.)

a. Muy descontento
b. Ni contento ni descontento
c. Algo descontento
d. Contento de no tener relaciones sexuales

Si o cuando su cónyuge tiene relaciones sexuales con usted, ¿cómo se siente? (Trace un círculo alrededor de la letra apropiada.)

a. Muy contento
b. Ni contento ni descontento
c. Algo contento
d. Descontento de tener relaciones sexuales

   B. **Evaluación de las relaciones sexuales con su cónyuge**: Indique su satisfacción con sus relaciones sexuales con su cónyuge al trazar un círculo alrededor del número apropiado.

-3	-2	-1	0	1	2	3

Estoy sumamente insatisfecho — No estoy ni satisfecho ni insatisfecho — Estoy sumamente satisfecho

Mi cónyuge tiene relaciones sexuales conmigo con la frecuencia que necesito. ☐ Si ☐ No

Si su respuesta es "no", ¿con qué frecuencia quisiera que su cónyuge tuviera relaciones sexuales con usted?

________ (escriba el número) de veces al día/a la semana/al mes (indique trazando un círculo).

Me gusta la manera en que mi cónyuge tiene relaciones sexuales conmigo. ☐ Sí ☐ No

Si su respuesta es "no", explique cómo su necesidad de satisfacción sexual pudiera ser más satisfecha en su matrimonio.

____

____

____

____

____

3. Conversación íntima. El hablar acerca de los sentimientos, temas de interés personal/ opiniones, y planes.

A. Necesidad de conversación íntima: Indique cuánto necesita la conversación íntima al trazar un círculo alrededor del número apropiado.

0	1	2	3	4	5	6
No necesito ninguna conversación íntima			Tengo una necesidad de conversación íntima moderada			Tengo una gran necesidad de conversación íntima

Si o cuando su cónyuge *no* está dispuesto a conversar con usted, ¿cómo se siente? (Trace un círculo alrededor de la letra apropiada.)

a. Muy descontento
b. Ni contento ni descontento
c. Algo descontento
d. Contento de no conversar

Si o cuando su cónyuge conversa con usted, ¿cómo se siente? (Trace un círculo alrededor de la letra apropiada.)

a. Muy contento
b. Ni contento ni descontento
c. Algo contento
d. Descontento de conversar

B. Evaluación de la conversación íntima con su cónyuge: Indique su satisfacción con la conversación íntima con su cónyuge al trazar un círculo alrededor del número apropiado.

-3	-2	-1	0	1	2	3
Estoy sumamente insatisfecho			No estoy ni satisfecho ni insatisfecho			Estoy sumamente satisfecho

Mi cónyuge conversa conmigo con la frecuencia que necesito. ☐ Si ☐ No

Si su respuesta es "no", ¿con qué frecuencia quisiera que su cónyuge conversara con usted?

________ (escriba el número) de veces al día/a la semana/al mes (indique trazando un círculo).

________ (escriba el número) de horas al día/a la semana/al mes (indique trazando un círculo).

Me gusta la manera en que mi cónyuge conversa conmigo. ☐ Si ☐ No

Si su respuesta es "no", explique cómo su necesidad de conversación íntima pudiera ser más satisfecha en su matrimonio.

4. **Compañerismo recreativo**. Actividades de ocio con por lo menos una persona más.

   A. **Necesidad de compañerismo recreativo**: Indique cuánto necesita el compañerismo recreativo al trazar un círculo alrededor del número apropiado.

0 1 2 3 4 5 6

No necesito ningún compañerismo recreativo | Tengo una necesidad de compañerismo recreativo moderada | Tengo una gran necesidad de compañerismo recreativo

Si o cuando su cónyuge *no* está dispuesto a llevar a cabo actividades recreativas con usted, ¿cómo se siente? (Trace un círculo alrededor de la letra apropiada.)

a. Muy descontento

b. Ni contento ni descontento

c. Algo descontento

d. Contento de que mi cónyuge no lleve a cabo actividades recreativas conmigo

Si o cuando su cónyuge lleva a cabo actividades recreativas con usted, ¿cómo se siente? (Trace un círculo alrededor de la letra apropiada.)

a. Muy contento

b. Ni contento ni descontento

c. Algo contento

d. Descontento de que mi cónyuge lleve a cabo actividades recreativas conmigo

B. Evaluación del compañerismo recreativo con su cónyuge: Indique su satisfacción con el compañerismo recreativo con su cónyuge al trazar un círculo alrededor del número apropiado.

-3	-2	-1	0	1	2	3
Estoy sumamente insatisfecho			No estoy ni satisfecho ni insatisfecho			Estoy sumamente satisfecho

Mi cónyuge lleva a cabo actividades recreativas conmigo con la frecuencia que necesito. ☐ Si ☐ No

Si su respuesta es "no", ¿con qué frecuencia quisiera que su cónyuge llevara a cabo actividades recreativas con usted?

________ (escriba el número) de veces al día/a la semana/al mes (indique trazando un círculo).

________ (escriba el número) de horas al día/a la semana/al mes (indique trazando un círculo).

Me gusta la manera en que mi cónyuge lleva a cabo actividades recreativas conmigo. ☐ Si ☐ No

Si su respuesta es "no", explique cómo su necesidad de compañerismo recreativo pudiera ser más satisfecha en su matrimonio.

5. **Sinceridad y apertura.** La expresión sincera y franca de sentimientos positivos y negativos, sucesos en el pasado, actividades diarias y horario, y planes para el futuro; el no dejar una impresión falsa.

   A. **Necesidad de sinceridad y apertura**: Indique cuánto necesita la sinceridad y la apertura al trazar un círculo alrededor del número apropiado.

0	1	2	3	4	5	6
No necesito ninguna sinceridad y apertura			Tengo una necesidad de sinceridad y apertura moderada			Tengo una gran necesidad de sinceridad y apertura

Si o cuando su cónyuge *no* es sincero y abierto con usted, ¿cómo se siente? (Trace un círculo alrededor de la letra apropiada.)

a. Muy descontento

b. Ni contento ni descontento

c. Algo descontento

d. Descontento de que mi cónyuge sea sincero y abierto

Si o cuando su cónyuge conversa con usted, ¿cómo se siente? (Trace un círculo alrededor de la letra apropiada.)

a. Muy contento

b. Ni contento ni descontento

c. Algo contento

d. Descontento de que mi cónyuge sea sincero y abierto

B. Evaluación de la sinceridad y apertura con su cónyuge: Indique su satisfacción con la sinceridad y apertura con su cónyuge al trazar un círculo alrededor del número apropiado.

-3	-2	-1	0	1	2	3
Estoy sumamente insatisfecho			No estoy ni satisfecho ni insatisfecho			Estoy sumamente satisfecho

¿En cuáles de las siguientes áreas quisiera usted que su cónyuge fuera más sincero y abierto con usted? (Trace un círculo alrededor de las letras que corresponden.)

a. El comunicar reacciones emocionales positivas y negativas acerca de aspectos importantes de la vida

b. El comunicar información acerca de sus actividades diarias

c. El comunicar información acerca de su historial personal

d. El comunicar información acerca de su horario y sus planes en el futuro

Mi cónyuge es sincero y abierto conmigo con la frecuencia que necesito. ☐ Si ☐ No

Si trazó un círculo alrededor de uno o más de los temas mencionados, explique cómo su necesidad de sinceridad y apertura pudiera ser más satisfecha en su matrimonio

___

6. **Atractivo físico**. El ver rasgos físicos del sexo opuesto que son agradables desde el punto de vista estético y sexual.

   A. **Necesidad de atractivo físico**: Indique cuánto necesita el atractivo físico al trazar un círculo alrededor del número apropiado.

0 1 2 3 4 5 6

No necesito ningun atractivo físico | Tengo una necesidad de atractivo físico moderada | Tengo una gran necesidad de atractivo físico

Si o cuando su cónyuge *no* está dispuesto a realzar al máximo su atractivo físico, ¿cómo se siente? (Trace un círculo alrededor de la letra apropiada.)

a. Muy descontento
b. Ni contento ni descontento
c. Algo descontento
d. Contento de que mi cónyuge no se esfuerce

Cuando su cónyuge realza al máximo su atractivo físico, ¿cómo se siente? (Trace un círculo alrededor de la letra apropiada.)

a. Muy contento
b. Ni contento ni descontento
c. Algo contento
d. Descontento de que mi cónyuge se esfuerce

B. Evaluación del atractivo de su cónyuge: Indique su satisfacción con el atractivo de su cónyuge al trazar un círculo alrededor del número apropiado.

-3	-2	-1	0	1	2	3
Estoy sumamente insatisfecho			No estoy ni satisfecho ni insatisfecho			Estoy sumamente satisfecho

¿En cuáles de las siguientes áreas del atractivo físico quisiera usted que su cónyuge mejorara? (Trace un círculo acerca de las letras que corresponden.)

a. Buena forma física y peso normal
b. Selección de ropa atractiva
c. Peinado atractivo
d. Buena higiene física
e. Maquillaje facial atractivo
f. Maquillaje facial atractivo

Si usted trazó un círculo alrededor de uno o más de los temas mencionados, explique cómo su necesidad de atractivo físico pudiera ser más satisfecha en su matrimonio.

____

____

____

____

____

____

7. Apoyo financiero. La provisión de recursos financieros para costear gastos de vivienda, comida y ropa para la familia a un nivel de vida aceptable para usted.

A. Necesidad de apoyo financiero. Indique cuánto necesita el apoyo financiero al trazar un círculo alrededor del número apropiado.

0	1	2	3	4	5	6
No necesito ningun apoyo financiero			Tengo una necesidad de apoyo financiero moderado			Tengo una gran necesidad de apoyo financiero

Si o cuando su cónyuge *no* está dispuesto a apoyarlo financieramente, ¿cómo se siente? (Trace un círculo alrededor de la letra apropiada.)

a. Muy descontento

b. Ni contento ni descontento

c. Algo descontento

d. Contento de que mi cónyuge no me apoye financieramente

Si o cuando su cónyuge lo apoya financieramente, ¿cómo se siente? (Trace un círculo alrededor de la letra apropiada.)

a. Muy contento

b. Ni contento ni descontento

c. Algo contento

d. Descontento de que mi cónyuge me apoye financieramente

B. Evaluación del apoyo financiero de su cónyuge: Indique su satisfacción con el apoyo financiero de su cónyuge al trazar un círculo alrededor del número apropiado.

-3	-2	-1	0	1	2	3
Estoy sumamente insatisfecho			No estoy ni satisfecho ni insatisfecho			Estoy sumamente satisfecho

¿Cuánto dinero desearía usted que ganara su cónyuge para apoyarlo a usted?

¿Cuántas horas semanales desearía usted que trabajara su cónyuge?

Si su cónyuge no está ganando tanto dinero como usted desearía, no está trabajando las horas que usted desearía, no maneja el presupuesto de la manera que usted desearía, o no gana ingresos de la manera que usted desearía, explique cómo su necesidad de apoyo financiero pudiera ser más satisfecha en su matrimonio.

8. **Apoyo doméstico.** La administración de los quehaceres del hogar y del cuidado de los hijos —si es que tienen hijos que viven con ustedes— de una manera que crea un ambiente hogareño que le provee un refugio del estrés.

   A. **Necesidad de apoyo doméstico.** Indique cuánto necesita el apoyo doméstico al trazar un círculo alrededor del número apropiado.

0	1	2	3	4	5	6

No necesito ningun apoyo doméstico — Tengo una necesidad de apoyo doméstico moderado — Tengo una gran necesidad de apoyo doméstico

Si o cuando su cónyuge *no* está dispuesto a darle apoyo doméstico, ¿cómo se siente? (Trace un círculo alrededor de la letra apropiada.)

a. Muy descontento

b. Ni contento ni descontento

c. Algo descontento

d. Contento de no tener apoyo doméstico

Si o cuando su cónyuge le da apoyo doméstico, ¿cómo se siente? (Trace un círculo alrededor de la letra apropiada.)

a. Muy contento

b. Ni contento ni descontento

c. Algo contento

d. Descontento de tener apoyo doméstico

B. Evaluación del apoyo doméstico de su cónyuge: Indique su satisfacción con el apoyo doméstico de su cónyuge al trazar un círculo alrededor del número apropiado.

-3	-2	-1	0	1	2	3

Estoy sumamente insatisfecho — No estoy ni satisfecho ni insatisfecho — Estoy sumamente satisfecho

Mi cónyuge me da todo el apoyo doméstico que necesito. ☐ Si ☐ No

Me gusta la manera en que mi cónyuge me da apoyo doméstico. ☐ Si ☐ No

Si su respuesta es "no" a una u otra de estas preguntas, explique cómo su necesidad de apoyo doméstico pudiera ser más satisfecha en su matrimonio.

9. **Compromiso con la familia.** El hacer lo necesario para que sus hijos se desarrollen moral y educacionalmente dentro del núcleo familiar.

   A. **Necesidad de compromiso con la familia.** Indique cuánto necesita el compromiso con la familia al trazar un círculo alrededor del número apropiado.

0 1 2 3 4 5 6

No necesito ningun compromiso con la familia | Tengo una necesidad de compromiso con la familia moderado | Tengo una gran necesidad de compromiso con la familia

Si o cuando su cónyuge *no* está dispuesto a comprometerse con la familia, ¿cómo se siente? (Trace un círculo alrededor de la letra apropiada.)

a. Muy descontento
b. Ni contento ni descontento
c. Algo descontento
d. Contento de que mi cónyuge no se comprometa con la familia

Si o cuando su cónyuge se compromete con la familia, ¿cómo se siente? (Trace un círculo alrededor de la letra apropiada.)

a. Muy contento

b. Ni contento ni descontento

c. Algo contento

d. Descontento de que mi cónyuge se comprometa con la familia

B. Evaluación del compromiso con la familia de su cónyuge: Indique su satisfacción con el compromiso con la familia de su cónyuge al trazar un círculo alrededor del número apropiado.

-3	-2	-1	0	1	2	3
Estoy sumamente insatisfecho			No estoy ni satisfecho ni insatisfecho			Estoy sumamente satisfecho

Mi cónyuge pasa suficiente tiempo con la familia.
☐ Si ☐ No

Si su respuesta es "no", ¿con qué frecuencia quisiera que su cónyuge participara en las actividades familiares?

________ (escriba el número) de veces al día/a la semana/al mes (indique trazando un círculo).

________ (escriba el número) de horas al día/a la semana/al mes (indique trazando un círculo).

Me gusta la manera en que mi cónyuge pasa tiempo con la familia. ☐ Si ☐ No

Si su respuesta es "no", explique cómo su necesidad de compromiso con la familia pudiera ser más satisfecha en su matrimonio.

10. Admiración. El ser respetado, valorado y apreciado.

A. Necesidad de admiración. Indique cuánto necesita la admiración al trazar un círculo alrededor del número apropiado.

0	1	2	3	4	5	6
No necesito ninguna necesidad de admiración			Tengo una necesidad de admiración moderada			Tengo una gran necesidad de admiración

Si o cuando su cónyuge *no* lo admira, ¿cómo se siente? (Trace un círculo alrededor de la letra apropiada.)

a. Muy descontento

b. Ni contento ni descontento

c. Algo descontento

d. Contento de que mi cónyuge no me admire

Si o cuando su cónyuge lo admira, ¿cómo se siente? (Trace un círculo alrededor de la letra apropiada.)

a. Muy contento

b. Ni contento ni descontento

c. Algo contento

d. Descontento de que mi cónyuge me admire

B. **Evaluación de la admiración de su cónyuge**: Indique su satisfacción con la admiración de su cónyuge al trazar un círculo alrededor del número apropiado.

-3	-2	-1	0	1	2	3
Estoy sumamente insatisfecho			No estoy ni satisfecho ni insatisfecho			Estoy sumamente satisfecho

Mi cónyuge me da toda la admiración que necesito.

☐ Si ☐ No

Si su respuesta es “no”, ¿con qué frecuencia quisiera que su cónyuge lo admirara?

_________ (escriba el número) de veces al día/a la semana/al mes (indique trazando un círculo).

Me gusta la manera en que mi cónyuge me admira.

☐ Si ☐ No

Si su respuesta es “no”, explique cómo su necesidad de admiración pudiera ser más satisfecha en su matrimonio.

____

____

____

____

Clasifique sus necesidades emocionales por orden de importancia

A continuación encontrará una lista de las diez necesidades emocionales básicas. También hay espacio para que usted escriba otras necesidades emocionales que considera esenciales para su felicidad matrimonial.

En el espacio provisto junto a cada necesidad, escriba un número del 1 al 5 para indicar qué tan importante es para su felicidad el que esa necesidad sea suplida. Escriba un 1 junto a su necesidad más importante, un 2 antes de la necesidad que le sigue en importancia, y así, hasta que haya indicado las cinco necesidades más importantes para usted.

Para ayudarle a clasificar estas necesidades, imagínese que sólo una necesidad será satisfecha en su matrimonio. Sabiendo que ninguna de las demás necesidades serán satisfechas, ¿cuál de estas necesidades contribuiría más a su felicidad? Debe marcar esa necesidad como la número 1. Si sólo dos necesidades serán satisfechas, ¿cuál sería la próxima necesidad que escogería? ¿Qué 5 necesidades contribuirían más a su felicidad al ser satisfechas?

________ Afecto
________ Satisfacción sexual
________ Conversación íntima
________ Compañerismo recreativo
________ Sinceridad y apertura
________ Atractivo físico del cónyuge
________ Apoyo financiero
________ Apoyo doméstico
________ Compromiso con la familia
________ Admiración
________ ____________________
________ ____________________

Apéndice C
Cuestionario del libro Love Busters [Acciones que destruyen el amor]

Nombre ______________________ Fecha______________

Este cuestionario está destinado a ayudarle a identificar las acciones de su cónyuge que destruyen el amor que usted siente por él o ella. Esto ocurre cada vez que uno de los hábitos de su cónyuge hace que usted esté infeliz. Al hacerle infeliz a usted, su cónyuge retira unidades de amor del banco del amor de usted, y a su vez, eso pone en peligro el amor romántico que usted siente por él o ella.

Existen seis categorías dentro de las acciones que destruyen el amor. Cada categoría tiene su propia serie de preguntas en este cuestionario. Conteste todas las preguntas lo más sinceramente que pueda. No trate de minimizar la infelicidad que le causan las acciones de su cónyuge. Si sus respuestas requieren de más espacio, use y adjunte una hoja de papel por separado.

Después de completar el cuestionario, vuelva a leerlo para asegurarse que sus respuestas expresen fielmente sus opiniones. No borre sus respuestas originales, sino táchelas suavemente para que su cónyuge pueda ver las correcciones y hablar con usted sobre estas.

Después de completar el cuestionario, clasifique las seis acciones que destruyen el amor en el orden de importancia que tienen para usted. Cuando haya terminado de clasificar estas acciones, tal vez encuentre que sus respuestas a las preguntas sobre cada acción negativa no concuerdan con la clasificación final. Es común que haya este tipo de incongruencia. Muchas veces refleja el hecho que usted no entiende totalmente sus sentimientos. Si nota este tipo de incongruencias, hable con su cónyuge sobre ellas para ayudar a aclarar sus sentimientos.

1. **Exigencias egoístas**: El hecho de que su cónyuge intente obligarlo a hacer algo para él o ella. Por lo general, estas exigencias conllevan una amenaza sutil de que usted será castigado si se niega a llevarlas a cabo.

   A. **Exigencias egoístas como fuente de infelicidad:** Indique cuánta infelicidad usted tiende a sentir cuando su cónyuge le hace exigencias egoístas.

0	1	2	3	4	5	6
No siento ninguna infelicidad			Siento una infelicidad moderada			siento una infelicidad extrema

   B. **Frecuencia de las exigencias egoístas de su cónyuge:** Indique con qué frecuencia su cónyuge le hace exigencias egoístas.

_____exigencias egoístas cada día/semana/mes/año.
(escriba el número)
(trace un círculo alrededor de la frecuencia que corresponda)

C. **Forma(s) en que se expresan estas exigencias egoístas:** Cuando su cónyuge le hace exigencias egoístas, generalmente ¿qué hace él o ella?

____

____

____

____

D. **Forma(s) en que se expresan las exigencias egoístas que más le causa(n) infelicidad:** ¿Cuál(es) de las formas de expresión de estas exigencias egoístas que anotó arriba le causan más infelicidad?

____

____

____

____

E. **Inicio de las exigencias egoístas:** ¿Cuándo fue la primera vez que su cónyuge le hizo exigencias egoístas?

____

____

____

____

F. **Desarrollo de las exigencias egoístas:** ¿Las exigencias egoístas de su cónyuge han aumentado o disminuido en intensidad y/o frecuencia desde que empezaron por primera vez? ¿Cómo se comparan sus exigencias egoístas recientes con las del pasado?

2. **Juicios irrespetuosos:** El hecho de que su cónyuge intente cambiar las actitudes, creencias o comportamiento de usted al tratar de obligarlo a pensar de la manera de él o ella.

   A. **Juicios irrespetuosos como fuente de infelicidad:** Indique cuánta infelicidad usted tiende a sentir cuando su cónyuge lo juzga irrespetuosamente.

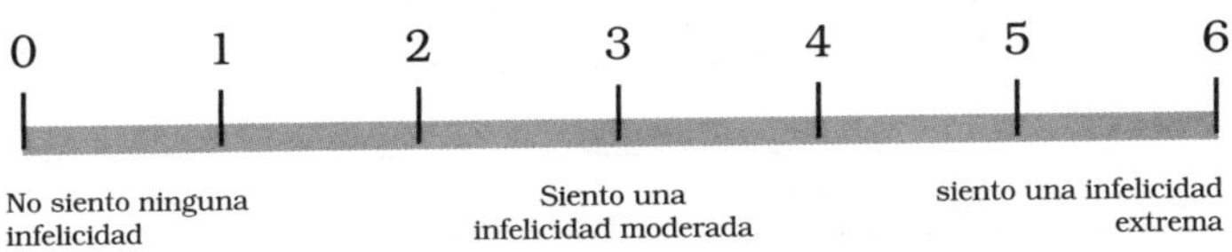

   B. **Frecuencia de los juicios irrespetuosos de su cónyuge:** Indique con qué frecuencia su cónyuge lo juzga irrespetuosamente.

_____ juicios irrespetuosos cada día/semana/mes/año.
(escriba el número)
(trace un círculo alrededor de la frecuencia que corresponda)

   C. **Forma(s) en que se expresan estos juicios irrespetuosos:** Cuando su cónyuge lo juzga irrespetuosamente, generalmente ¿qué hace él o ella?

D. Forma(s) en que se expresan los juicios irrespetuosos que más le causa(n) infelicidad: ¿Cuál(es) de las formas de expresión de estos juicios irrespetuosos que anotó arriba le causan más infelicidad?

E. Inicio de los juicios irrespetuosos: ¿Cuándo fue la primera vez que su cónyuge lo juzgó irrespetuosamente?

F. Desarrollo de los juicios irrespetuosos: ¿Los juicios irrespetuosos de su cónyuge han aumentado o disminuido en intensidad y/o frecuencia desde que empezaron por primera vez? ¿Cómo se comparan sus juicios irrespetuosos recientes con los del pasado?

3. **Arranques de ira:** El hecho de que su cónyuge intente herirlo adrede al expresar ira hacia usted. Estos arranques generalmente se expresan mediante agresión física o verbal.

   A. **Arranques de ira como fuente de infelicidad:** Indique cuánta infelicidad usted tiende a sentir cuando su cónyuge le dirige arranques de ira.

0	1	2	3	4	5	6
No siento ninguna infelicidad			Siento una infelicidad moderada			siento una infelicidad extrema

   B. **Frecuencia de los arranques de ira de su cónyuge:** Indique con qué frecuencia su cónyuge le dirige arranques de ira.

________arranques de ira cada día/semana/mes/año.
(escriba el número)
(trace un círculo alrededor de la frecuencia que corresponda)

   C. **Forma(s) en que se expresan estos arranques de ira:** Cuando su cónyuge le dirige arranques de ira, generalmente ¿qué hace él o ella?

____

____

____

____

   D. **Forma(s) en que se expresan los arranques de ira que más le causa(n) infelicidad:**

¿Cuál(es) de las formas de expresión de estos arranques de ira que anotó arriba le causan más infelicidad?

____

____

____

____

E. Inicio de los arranques de ira: ¿Cuándo fue la primera vez que su cónyuge le dirigió un arranque de ira?

____

____

____

____

F. Desarrollo de los arranques de ira: ¿Los arranques de ira de su cónyuge han aumentado o disminuido en intensidad y/o frecuencia desde que empezaron por primera vez? ¿Cómo se comparan sus arranques de ira recientes con los del pasado?

____

____

____

____

4. Deshonestidad: El hecho de que su cónyuge no le revele sus pensamientos, sentimientos, hábitos, gustos, aversiones, historial personal, actividades diarias o planes para el futuro. La deshonestidad implica no sólo proveer información falsa acerca de uno de los temas mencionados, sino también dejarle a usted con una impresión falsa a sabiendas

A. Deshonestidad como fuente de infelicidad: Indique cuánta infelicidad usted tiende a sentir cuando su cónyuge es deshonesto con usted.

0	1	2	3	4	5	6
No siento ninguna infelicidad			Siento una infelicidad moderada			siento una infelicidad extrema

B. Frecuencia de la deshonestidad de su cónyuge: Indique con qué frecuencia su cónyuge es deshonesto con usted.

______ casos de deshonestidad cada día/semana/mes/ año.
(escriba el número)
(trace un círculo alrededor de la frecuencia que corresponda)

C. Forma(s) en que se expresan esta deshonestidad: Cuando su cónyuge es deshonesto con usted, generalmente ¿qué hace él o ella?

____

____

____

____

D. Forma(s) en que se expresa la deshonestidad que más le causa(n) infelicidad: ¿Cuál(es) de las formas de expresión de estas exigencias egoístas que anotó arriba le causan a usted más infelicidad?

____

____

____

____

E. **Inicio de la deshonestidad:** ¿Cuándo fue la primera vez que su cónyuge fue deshonesto con usted?

____

____

____

____

F. **Desarrollo de la deshonestidad:** ¿La deshonestidad de su cónyuge ha aumentado o disminuido en intensidad y/o frecuencia desde que empezó por primera vez? ¿Cómo se compara su deshonestidad reciente con la del pasado?

____

____

____

____

5. **Hábitos irritantes:** Conductas repetidas de su cónyuge que lo irritan a usted. Estos hábitos incluyen idiosincrasias como la manera en que come y habla su cónyuge, y lo pulcro que suele dejar su entorno.

A. Hábitos irritantes como fuente de infelicidad: Indique cuánta infelicidad usted tiende a sentir ante los hábitos irritantes de su cónyuge.

0 1 2 3 4 5 6

No siento ninguna infelicidad	Siento una infelicidad moderada	siento una infelicidad extrema

B. Frecuencia de los hábitos irritantes de su cónyuge: Indique con qué frecuencia su cónyuge tiende a practicar hábitos irritantes.

________ hábitos irritantes practicados cada día/ semana/mes/año.
(escriba el número)
(trace un círculo alrededor de la frecuencia que corresponda)

C. Forma(s) en que se expresan estos hábitos irritantes: Cuando su cónyuge practica hábitos irritantes que lo disgustan a usted, qué hace generalmente?

____

____

____

____

D. Forma(s) en que se expresan los hábitos irritantes que más le causa(n) infelicidad: ¿Cuál(es) de las formas de expresión de estos hábitos irritantes que anotó arriba le causan a usted más infelicidad?

____

____

E. Inicio de los hábitos irritantes: ¿Cuándo fue que su cónyuge empezó a practicar hábitos irritantes?

F. Desarrollo de los hábitos irritantes: ¿Los hábitos irritantes de su cónyuge han aumentado o disminuido en intensidad y/o frecuencia desde que empezaron por primera vez? ¿Cómo se comparan sus hábitos irritantes recientes con los del pasado?

6. Conductas independientes: Conductas que su cónyuge concibe y lleva a cabo sin tomar en cuenta los sentimientos de usted. Generalmente son actividades que su cónyuge ha considerado y planificado, como asistir a eventos deportivos o llevar a cabo un programa de ejercicios.

A. Conductas independientes como fuente de infelicidad: Indique cuánta infelicidad usted tiende a sentir cuando su cónyuge lleva a cabo conductas independientes.

0	1	2	3	4	5	6
No siento ninguna infelicidad			Siento una infelicidad moderada			siento una infelicidad extrema

B. Frecuencia de las conductas independientes: Indique con qué frecuencia su cónyuge lleva a cabo conductas independientes.

________ casos de conducta independiente cada día/ semana/mes/año.
(escriba el número)
(trace un círculo alrededor de la frecuencia que corresponda)

C. Forma(s) en que se expresan estas conductas independientes: Cuando su cónyuge lleva a cabo conductas independientes, generalmente ¿qué hace él o ella?

____

____

____

____

D. Forma(s) en que se expresan las conductas independientes que más le causa(n) infelicidad: ¿Cuál de las formas de expresión de estas conductas independientes que anotó arriba le causan a usted más infelicidad?

____

____

____

E. Inicio de las conductas independientes: ¿Cuándo fue la primera vez que su cónyuge llevó a cabo una conducta independiente?

____

____

____

____

F. Desarrollo de las conductas independientes: ¿Las conductas independientes de su cónyuge han aumentado o disminuido en intensidad y/o frecuencia desde que empezaron por primera vez? ¿Cómo se comparan sus conductas independientes recientes con las del pasado?

____

____

____

____

El ranking de las acciones que destruyen el amor

A continuación encontrará una lista de seis acciones básicas que destruyen el amor. También hay un espacio para que usted agregue otras acciones que destruyen el amor que usted considera que contribuyen a su infelicidad matrimonial. En el espacio provisto junto a cada acción que destruye el amor, escriba un número del 1 al 6 para indicar cuánto contribuye a su infelicidad. Escriba un 1 junto a la acción que le causa mayor infelicidad, un 2 junto al que le sigue en importancia, y así, hasta que haya clasificado las seis.

_________ Exigencias egoístas
_________ Juicios irrespetuosos
_________ Arranques de ira
_________ Hábitos irritantes
_________ Conductas independientes
_________ Deshonestidad
_________ ____________________
_________ ____________________

El Dr. Willard F. Harley, Jr. es un psicólogo clínico, consejero matrimonial y autor de gran éxito aclamado a nivel nacional. Su sitio Web MarriageBuilders.com goza de gran popularidad al ofrecer soluciones prácticas a casi cualquier problema matrimonial. Él y su esposa de más de cincuenta años, presentan un programa radial diario en que el público participa por teléfono, *Marriage Builders Radio.* Viven en White Bear Lake, Minnesota.